40歳からはじめる

# 一生の恋人の見つけ方

大人の女性に幸せを運ぶ
〝スロー・ラブ〟のすすめ

木村隆志

同文館出版

# **はじめに**　40代の恋、解禁されました

「本当に40代の私が恋愛できるの？」

そんな疑いを抱いていませんか？

もしそうだとしたら、安心してください。

「あなたは必ず恋愛できる」と保証します。


私は恋愛コンサルタントとして、毎月300人超の女性からお問い合わせをいただいていますが、そのうち40代の占める割合は約4割。問い合わせの内容はさまざまですが、私1人に相談を持ちかけてくれた女性だけで、年間約1500人もいるのです。


これを日本全国で考えてみると……数十万人、いや100万人以上の40代女性が「恋をしている」、あるいは「恋がしたい」と思っているのではないでしょうか。

実際、**40代女性の4人に1人が独身で、約200万人いる**というデータもあります（P66）、**あなただけ恋をしない理由など、どこにもない**のです。

しかし、現在最も積極的に恋人探しをしているのは、ひと世代下の30代女性。ほんの2～3年前までは、「『恋人が欲しい』なんて恥ずかしくて言えない」と思っていた世代なのに、婚活が定着した今では堂々と「恋人を探しています」と宣言しているのです。

30代女性が堂々と恋愛できるようになったのなら、次に続くのは40代女性。「未婚者と離婚夫婦の増加」や「不況や震災による心細さ」などの社会的影響もあって、少しずつその兆候が現われはじめています。

その兆候を証明するように、ここ数年、「セカンドバージン」「最後から二番目の恋」「眠れる森の熟女」など、40代女性の恋愛がテーマのドラマが増えました。さらに2013年4月、40代女性の恋愛を支援する雑誌「DRESS」が創刊。「美ST」で美魔女ブームを巻き起こした山本由樹氏や秋元康氏など、メディア界のトップが力を結集してつくるという力の入りようです。

そう、40代の女性が、堂々と出会いの場に顔を出し、自由に恋愛を楽しむ時代が、ようやくはじまったのです。

## 残り約40年の人生、本当に「恋愛なし」でいい？

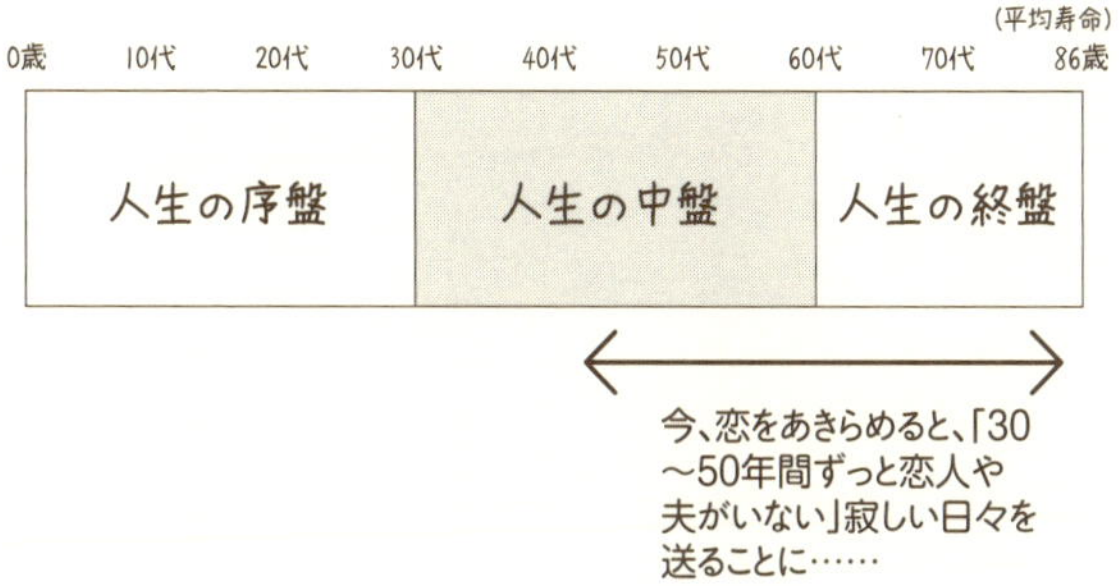


40代、50代というと〝もうすぐ人生の終盤〟のようなイメージを持つ人が多いのですが、まったくそんなことはありません。厚生労働省の調査によると、日本人女性の平均寿命は約86歳。すなわち**人生の中盤**であり、言い換えれば**残り約30〜50年もの長い人生がある**のです。

その数十年間、ずっとパートナーがいないことを考えると、ゾッとしませんか？

どんなに友人関係や趣味の時間を充実させても、それはあくまで別の話。本当にうれしいことがあったとき、泣きたいほどつらいことがあったとき……恋人同士でなければ埋められないものがあること、忘れてしまっていませんよね？

残り人生の30〜50年間を「愛する人と楽しい日々を過ごす」か、それとも「恋愛から目を背けて生きる」か。どちらを選ぶかは、あなた次第。

この本で紹介するのは、「不安の解消法」「出会いの探し方」「コミュニケーションの取り方」「幸せな同世代女性のエピソード」など、40代女性だからこそ必要なノウハウ。これを読んだあなたが、心から「恋愛したい」と思えるように書いたものです。

## 40代の独身女性は〝耳たれうさぎ〟

2003年のベストセラー『負け犬の遠吠え』で30代女性が話題になってから早10年。つまり、あのころ「私は負け犬なの？」と思っていたあなたこそ、現在の40代です。

しかし、40代女性は決して負け犬ではないし、あまり吠えもしません。それよりも、私が似ていると思うのは、**耳たれうさぎ**（ロップイヤー）。マイペースなところ、寂しくてもつらくても「泣かずにやりすごそう」とするところ、都合の悪い話

【20代女性】
**きまぐれなネコ**
※感情のおもむくままに過ごす
※恋愛は、自分目線で奔放

【30代女性】
**よく吠える犬**
※自尊心が高まる一方、将来への不安が強くなる
※恋愛は、執着心が強い一方、現実的でもある

【40代女性】
**マイペースなうさぎ**
※ある程度、自分を楽しませる術を知っている
※恋愛は、寂しさをごまかしがち、言い訳上手

**20代はネコのように感情のおもむくまま過ごし、**
**30代は自尊心と不安の間で犬のように吠え、**
**40代に入るとウサギのように鳴き声をたてずマイペースに過ごす**

は耳を閉じて聞かないところ、それでいてチャンスやピンチのときだけ耳を立てて聞こうとするところ……挙げれば挙げるほど似ている点ばかりです。

ちなみに、「うさぎは寂しいと死んでしまう」というのは迷信。数羽一緒に飼うとストレスがたまってしまうほどマイペースで、そういうところも40代女性と似ています。

イソップ童話の『うさぎとかめ』を思い出してください。うさぎは昼寝をしたため、かめに負けてしまうのですが、もし今あなたが恋愛をしていないのなら、それは昼寝しているうさぎと同じ状態。このままでは、寂しい人生を過ごす結果（かめに負ける）になってしまいます。

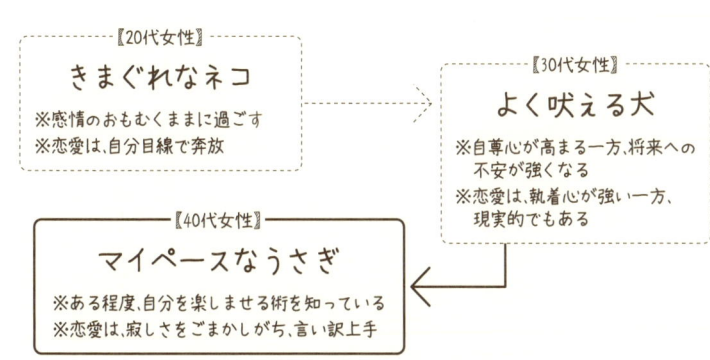

勝てると思って油断したうさぎと、「まだ大丈夫」「もっといい人がいるかも」と現実逃避している女性の姿は似ています。うさぎのように昼寝を続けていては、新たな恋は手に入りません。

幸いなことにあなたの昼寝はまだ浅く、今目覚めれば負けずにすむでしょう。前述したように、まだ人生の折り返し地点をすぎたところ。ゴールまであと30～50年もあるのです。

実は私自身、耳たれうさぎを飼っているのですが、散歩がいらない、においもほとんどないなど、とにかく手がかかりません。それでいて、ときどき甘えにくるそのかわいらしい姿を見るたびに、「これは40代女性だ」と感じていたのです（余談ですが、この子は人間年齢でもうすぐ40代、しかも独身女性だったりします）。

## 「恋をあきらめたの？」自分の胸に問いかけて

目を閉じて、次の言葉をあなた自身に問いかけてください。虚勢を張ることなく、ひとつひとつ素直な気持ちで自分と向き合うことが大切です。


自分の心に問いかけてみてください。

「年齢を言い訳にしてない？」

「恋愛を怖がってない？　傷つくのが怖い？」

「『若い子には勝てない』と決めつけてない？」

「『どうせ男なんて……』とあきらめてない？」

「寂しさを趣味、食べ物、お酒でごまかしてない？」

「『忙しい』『面倒だから』と言い訳してない？」

「『バツイチ、子持ちだから恋愛できない』と思ってない？」

「今、寂しくないという気持ちが、ずっと続くと言い切れる？」

「本当にこの先、ひとりの人生でいいの？」

次に、具体的なイメージを思い浮かべてみてください。

「友人カップルの幸せな姿を見てうらやましくない？」

「手をつないで歩きたい、ギュッとされたいと思わない？」

「仕事で疲れたとき、恋人に癒してほしいと思わない？」

「病気になったとき、頼れる男性がいなくても本当に大丈夫？」

「好きなテレビ番組や映画こそ、恋人と見たくない？」

「恋人と一緒の布団で朝を迎えたくない？」

「春の桜、夏の花火、秋の紅葉、冬の鍋、恋人と楽しみたくない？」

「ＧＷとお盆、クリスマスと年末年始、ひとりでも平気？」

「台風や震災のとき、心細くなかった？」


どう感じたでしょうか？　たったひとつでも心に響いた項目があれば、あなたは恋愛したいのです。また、その気持ちがある限り、恋愛できるでしょう。

## 「今のあなた」ができる具体的な方法を紹介

恋愛指南書や雑誌の恋愛特集、ウェブのコラムなどを読んで、「この方法は、私の年齢でも効果があるの？」「言いたいことはだいたいわかったけど、何からはじめればいいのかわからない」と感じたことはないでしょうか。

「漠然とした精神論や抽象的な方法では、40代女性が幸せになれない」。日ごろ恋愛相談を受けながら、そう感じていた私は、以下の3点にこだわってこの本を書きました。

**・40代女性の目線に特化すること**
**・誰でもすぐに実践できる、具体的かつシンプルな方法を紹介すること**
**・実際のエピソードを交えて、イメージを抱きやすくすること**

この本は、決して無理な恋愛をすすめるものではないですし、特別なスキルや多額のお金が必要なものではありません。「がんばらなきゃ」と必要以上に力むことなく、今のあなたをベースにしてはじめられる方法を書きつづっています。

## あなたの恋愛を全力で応援します

30代・40代の女性を対象にした「ヨミウリオンライン」の連載「恋愛・結婚に年齢制限なし」がはじまって約4年、通算200回を超えました。連載を重ねるごとに40代女性からの恋愛相談は増え続け、実際にお会いして、その心にふれるたびに「全力で応援したい」「幸せになってほしい」という気持ちが強くなっています。

みなさんにひとつ信じていただきたいのは、**私はみなさんの味方であり、この本はその恋愛を応援するためのもの**であること。あなたが気楽に出会いの場へ顔を出し、男性たちと自然体で話せるように、生の声やデータをたくさん集めました。

どうかあなたの胸にある「恋人がほしい」という気持ちを大切にしてください。一緒に笑ったり、泣いたり、幸せを与え合い、悲しみを半減してくれる。そんなまだ見ぬ恋人も、今この瞬間、あなたと同じ思いを抱いています。「恋がしたい」のも、「不安がある」のも、あなただけではないのです。

大人の女性らしく、穏やかな心を持って、最愛の男性を探しに行きましょう。

40歳からはじめる 一生の恋人の見つけ方 目次



# Part 1

# あらためて、あなたの恋愛を考えてみる

# Part 2

# あなたの心に潜む不安の正体とは？

Part 3

# 恋人候補はこんなにいる



Part 4

# 無理なく、楽しく、出会える場所へ

# Part 5 〝スロー・ラブ〟の育み方

# Part 6 大人の女性だからこそ、やってはいけないこと

カバー・本文デザイン／ホリウチミホ（ニクスインク）

Part

1

# あらためて、あなたの恋愛を考えてみる

あなたの初恋、大恋愛、そして、
最近恋人ができたのはいつでしたか？
過去の恋には、あなたの恋愛傾向と、
現在の心境に至る理由がひそんでいます。

## まずは過去の恋愛を思い出してみよう

新たな恋へ進むためにまず行なってほしいのは、これまでの恋を振り返ること。あなたは、「まさかこの歳で恋人や夫がいないとは思わなかった」という誤算や、「私が未熟だった。見る目がなかった」という自責、あるいは「運が悪かった。理由がわからない」という逃避などのモヤモヤした気持ちを抱えていませんか？

**過去の恋愛には、そんな心のモヤモヤや、現在の一人身に至る理由が隠れています。ひとつひとつの恋にフタをせず、向き合うことで前向きに解消していきましょう。**

まず、今までの人生で最も好きになった男性を思い浮かべてみてください。

その男性はどんな人でしたか？　いつどこで出会いましたか？　どこを好きになり、どこが嫌いでしたか？　どんなデートをして、どんな思い出がありますか？　どんなときに幸せを感じて、どんなときにケンカしましたか？　交際に至るきっかけは？　どうして交際できなかったのですか？　なぜ別れたのですか？　なぜフラれたのですか？　会えなくなったときにどう感じましたか？　何か教訓は得られましたか？　そして今、その男性のことをどう思いますか？

それが終わったら、他の男性へ。片思いで終わった男性も、交際した男性も、同じように思い浮かべていきましょう。**恋をひとつずつ振り返っていくうちに、「そういえばあのころはこうだったな」「すっかり忘れていた」「これは繰り返しちゃダメだな」など、何かしら気づくことがあるものです。**

たとえば、「学生時代は、思い込みが強かった反面、一途さがあった」「20代は出会いをつくろうと努力していたけど、受け身すぎたかも」「30代は結婚ばかり考えていて、無理に相手を好きになろうとしていた」など、成功と失敗のパターン、成長と退化したところなど、あなたの恋愛傾向が浮かび上がってくるでしょう。

さらに、「意外とこういうタイプが好きなのかな」「もしかしたら学生時代のように純粋な恋愛をしたいのかも」などと、次の恋愛につながる発見があるかもしれません。

**幸せうさぎの声**

「まじめな人が好きなので、彼（40歳）はタイプでなかったのですが、好きな食べ物がほとんど同じだったのでつき合ってみることにしました。そしたら実は、仕事や友情に熱い誠実な人だったんです。結果オーライですが、私は何にもわかっていませんでしたね」（41歳）

年一年齢は参考例です

| 幸せを感じた瞬間 | ケンカやマンネリの理由 | なぜ別れた？フラれた？ | 別れた直後の心境 | 現在、どう思っているか？ | この恋で得られた教訓は？ | 書いた1週間後どう思ったか？ |
|---|---|---|---|---|---|---|
| | | | | | | |
| | | | | | | |
| | | | | | | |
| | | | | | | |
| | | | | | | |

## あなたの恋愛年表

| | 相手の名前と外見 | 相手の性格と趣味嗜好、生活環境 | 2人の関係性、共通点 | 出会い方、距離の縮まり方 | 好きなところ、嫌いなところ | 交際OK、NGの理由 | デートのパターンと回数 |
|---|---|---|---|---|---|---|---|
| 1986年 ー17歳 | | | | | | | |
| 1987年 ー18歳 | | | | | | | |
| 1991年 ー22歳 | | | | | | | |
| 1996年 ー27歳 | | | | | | | |
| 2001年 ー32歳 | | | | | | | |

**過去の恋愛を冷静に受け止めたり、自分の恋愛を客観的に見られたりするのも、今の年齢になったからこそ。大小を問わず、過去の傷や現在の寂しさは、ここですべて吐き出しておきましょう。**

間もなくはじまる新たな恋は、過去の恋を「引きずりながら」ではなく、「経験を生かして」つかむべきなのです。今までの恋愛は「単なる失敗」ではなく、「貴重な財産」なのですから。

## 大人の女性になった今なら 過去の恋愛から学べる

# 今までの恋はどうして成就しなかった？

自分の恋愛傾向がつかめたでしょうか？

「まだよくわからない」という人は、「なぜつき合えなかったか？」「なぜ別れたか？」という**恋が成就しなかった理由**をもう一度考え直してみましょう。

自分の未熟さ、相手のわがまま、性格の不一致、タイミング、出会い方、すれちがい、多忙、コミュニケーション不足、周囲の影響、不運……次ページの表に、恋が成就しなかった主な理由を挙げてみました。あなたの恋愛に合致するものはないでしょうか。

この表を相談者の明美さん（仮名、42歳）に見せたら、「これと、これと、これもそうですね」と、すぐにつき合った7人すべての失恋理由を教えてくれました。大人の女性なら、彼女のように、自分である程度その理由に気づいているものです。

## 恋愛が成就しなかった主な理由

| | |
|---|---|
| あなたの性格<br>(女性に多い理由) | わがまま、ヒステリー、束縛、嫉妬、受け身、コンプレックスが強い、感情の起伏が激しい、尽くしすぎる、依存しすぎるなど |
| 相手の性格<br>(男性に多い理由) | ウソ、浮気、優しさがない、マイペース、デリカシーがない、優柔不断、都合が悪いことをごまかす、キレやすいなど |
| 2人の相性 | 共通点がない、協調性の差がある、趣味嗜好と価値観が合わない、行動パターンがちがう、笑いのツボがちがうなど |
| 相手の条件、<br>求めるもの | 外見や収入を重視しすぎる、こだわりがなさすぎる、短所ばかり見てしまう、自分を棚に上げて相手に求める |
| 出会い方 | 同じ出会いの場ばかり、学校や会社の身近な人だけ、つき合いの浅い友人の紹介、軽い雰囲気の場、深酒の場などの楽な選び方 |
| 印象と外見 | 服、髪、メイク、小物などの外見。表情、仕草、振る舞いなどの印象。いずれも、努力と相手目線の不足。女性らしさが足りない |
| コミュニ<br>ケーション | しゃべりすぎ、相手の話を聞かない、沈黙が多い、気づかいができない、笑顔と癒しが少ない、誘い方が一方的など |
| つき合い方、<br>恋愛観のちがい | メールの頻度と要求、デートの頻度と内容、記念日などの過ごし方、友人や家族に紹介しない、愛情表現、結婚観など |
| ライフスタイル | 仕事の忙しさ、趣味に没頭しすぎ、友人を優先させすぎ、帰りが遅い、酒の席が多い、部屋の片づけ、家事のスタンス、金銭感覚など |
| その他の原因 | 過去のトラウマ、両親や家族の反対、失職、借金、友人や同僚の影響、ドラマや雑誌の影響、健康上の理由、転勤など |

表に挙げた理由はいずれも、結果的に失恋のきっかけになってしまっただけで、根本的な理由ではありません。**根本的な理由とは、「ある程度わかっていながら、見て見ぬフリをしてしまう。気をつけよう、直そうとしない」という精神的なもの。**過去の恋愛を振り返ってもらったのは、あなたに失恋の理由から逃げてほしくなかったからです。

それさえできれば、もし次の恋愛で同じことが起きそうになっても、異なる行動をとって回避できるでしょう。それは「経験豊富な大人の女性ならでは」のことであり、自信を持ってほしいプラス材料なのです。

もし恋愛のブランクが長かったとしても、過去と現在は必ずつながっています。過去から導き出された課題を踏まえた上で、次の恋愛を見つけていきましょう。

## 失恋の理由は、貴重な財産 大人の女性なら意識的に避けられる

**幸せうさぎの声**

「前の夫は、『家事は折半』と言っておきながら、実際はお茶を濁す程度しかやらない人でした。今の彼（39歳）とも一緒に住んでいますが、私より先に帰って料理や洗濯をやってくれるくらい優しいんですよ。家庭的な男性にまちがいはなかったですね」（42歳）

## 考えてもダメなら〝ゼロベース〟でいい

ここまで考えても、「自分の恋愛傾向がよくわからない」という人もいるでしょう。恋愛に限らず人間は、うまくいかないことに対して、何かの先入観にとらわれたり、思考停止状態になったりしがちです。

そんなときは、**今までの恋愛をいったんゼロに戻して考え直してみましょう。過去の経験やトラウマ、自分の価値観やプライド、世間の常識や習慣など、すべての枠をいったん外してみる**のです。

たとえば、あなたが男性に求める条件が、「優しくて、食べ物の好みが似ていて、年収400万円以上」だったとします。しかし、その条件をゼロにして出会いの場に顔を出してみると、「優しさのタイプっていろいろあるんだな」「食べ物の好みって変わるかも。私も変わったし」「今と同じくらいの生活って、どれくらいの年収でできるんだろう」などと、今まで気づかなかった事実や問題点、さらには今後の方向性など、何らかの発見があるもの。実際、私の相談者さんでも、相手に求める条件をゼロにしたことで「いかに意味のないことにとらわれていたか?」に気づき、幸せをつかみ取った人がたくさんいらっしゃいます。

いったん〝ゼロベース〟で考えることで、今までつき合ったことのないタイプの男性と出会えるかもしれないのですから、トライしてみてください。

また、この〝ゼロベース〟の考え方は、男性に求める条件だけでなく、出会い方、コミュニケーションのとり方、デートの内容、ケンカや別れの原因、後悔や未練の理由なども同じです。

もしあなたが今までの恋愛を「失敗だった」と感じているのであれば、これくらい思い切った考え方をしてもいいのではないでしょうか。例で挙げた男性に求める条件は、見方を変えれば、恋人をつくりたいときに**不必要なしがらみ**となるものです。それらのしがらみをいったん取り去ってみましょう。

**幸せうさぎの声**

「彼（31歳）は13歳年下で、取引先の社員。彼のちょっとしたミスをフォローする機会があって、そのお礼で食事に。彼は私の年齢を知らずに誘い続けていたのですが、恐る恐る言ってみたら、驚かれたけど何とか大丈夫でした。毎週末必ず会いに来てくれます」（44歳）

大人の年代になるほど、それまで通ってきた道や考え方を変えにくいのではないでしょうか。さらに、「人とぶつからず、無難にやりすごしたい」という意識が強くなり、常識的なものや多くの人が選ぶものに流されやすいので、なおさらいったん頭の中を空っぽにして考え直してほしいのです。

人生経験の豊富な人や、幸せな恋愛経験のある人がそれまでの考えをゼロに戻すのは、勇気のいることでしょう。「そんなこと言われてもできないよ」と思うかもしれませんが、今までと同じことをしているだけでは、同じことを繰り返すだけで何も変わらないのです。「試しにやってみるか」でも、「だまされたと思って少しだけやろうかな」でもいいので、ぜひ試してみてください。

## 「いったん頭を空にする」ことで事実や問題点などの何かを発見できる

# その後、なぜ新たな恋愛ができないのか?

私は、好きな男性のいない相談者さんにお会いしたとき、必ず「あなたが今、恋愛していないのはなぜですか?」と聞くようにしています。

すると、ほとんどの人が答えるのは、**「不安がある」「自信がない」「時間がない」という3つの理由**。なかなか解消できないと感じるかもしれませんが、実は、**これらはすべて自分自身の問題であり、取り組む姿勢次第で十分クリアできるもの**なのです。

最も多くの人が答える「不安がある」は、その代表格。「傷つくのが怖い」「恥をかきたくない」などの気持ちが強いと、自分を出会いの場から遠ざけてしまいます。極めて大事なところですので、Ｐａｒｔ2(Ｐ39〜)を繰り返し読んで、不安をひとつずつ丁寧に取り除いてください。

「自信がない」は、心配無用。この本を最後まで読めば、「いかに幸せな同年代の女性が多いか」（ページ下段のエピソード）や、「独身男性のほうが圧倒的に多く、あなたにも十分そのチャンスがあること」（Part3・P63〜）が理解できるはずです。そもそも必要以上の自信は、「自己中心的になる」「男性の気持ちを考えられない」など、〝大人女性〟の恋愛を邪魔するだけ。「少し自信がない」くらいがちょうどいいのです。

「時間がない」というのは、「時間の使い方を知らない」だけなので、何の問題もありません。「平日は終電まで仕事で、土日も休めない」というくらい多忙な人でなければ、恋愛にあてる時間は十分あるものです。Part4（P83〜）を読んで、仕事や趣味などと両立させる方法を見つけてください。それでも「恋愛にあてる時間をつくり出せない」という人は、「単に恋愛へのモチベーションが低い」と言わざるを得ません。

何かしらの不安や、自信と時間のなさを言い訳にして、「自分を傷つけないように、恋愛から距離を置いていた」、私はそんな相談者さんたちの声を毎日聞いてきました。だからこそ、この本では「恋愛しにくい理由はあっても、それは新たな出会いを阻むものではない」ということをしっかり伝えたいと思っています。

そもそも老若男女を問わず、「恋愛できない理由」などありません。もしあるとしたら、あなた自身が思い込んでいるだけ。素直にそれを認められたとき、あなたは必ず新たな恋を見つけられるはずです。

## 不安要素も、自信と時間のなさもこの本を読めば必ず解消できる

## 「今とても幸せ」な同世代女性とのちがい

40代は「恋愛を楽しんでいる人」と「寂しい日々を過ごす人」との落差が最も大きい世代と言えます。20代に多い「一応つき合っている恋人がいる」、30代に多い「すぐにでも結婚したい恋人がいる」という女性は少なく、**幸せか、不幸せかの2極化になりがち**です。

しかも圧倒的に多いのは、「私には恋愛のチャンスすらない」と不幸せを実感している女性。もしあなたがそうであれば、幸せな女性とのちがいはどこなのでしょうか？

私が実際にお会いした、幸せなこの世代の女性たちには、高い確率で次の9つの共通点がありました。さて、あなたに該当するものはいくつあるでしょうか？

**①笑顔で自分から声をかけられる、人の話を聞くのが苦にならない**

まずは相手の話を聞き、自分の話を後回しにできる女性は、男性に居心地のいい空間をつくることができる。自分から声をかけ、笑顔であいづちが打てるのも同様。

**②相手の魅力や長所を見つけられる**

どんな人も若いころと比べれば、男性を見る目がついているもの。魅力や長所に気づけるか、失敗や短所が目についてしまうかは紙一重。特にホメ上手は有利に。

**③柔軟性のある目線で、男性を選んでいる**

相手の外見や条件に対するウェートが低く、人間性や行動を重視するため、安定した関係を築きやすい。「ここだけは譲れない」というものがない。

**④恋愛のセオリーにとらわれることがない**

「誘いや告白は男性から」「年甲斐もなくはしゃがない」などと決めつけず、相手や状況に応じた考え方ができる。振る舞いが自然体で、男性の負担が少ない。

**幸せうさぎの声**

「彼（45歳）の第一印象は、『年の割に子供っぽい人』だったけど、毎日『おつかれさま』のメールをくれる優しさがありました。だから、『これから何十年も一緒にいるなら、あと何年かは子どもっぽくてもいいか』と思ったんです。つき合いはじめて正解でした」（43歳）

**⑤オシャレが好きで、年齢を気にしない**

加齢で自分を卑下せず、オシャレを楽しむ。すると年齢がわかったときも、よいギャップで好印象に。多くの男性は実年齢より〝見た目年齢〟を重視している。

**⑥2人の性格や状況に合う交際スタイルを選べる**

会う頻度、結婚観、デートの支払い、記念日など、自分の理想を押しつけることなく、2人にとって無理のない形を探せる。男性もそのほうがつき合いやすい。

**⑦恋人がいる喜びや感謝を相手に伝えている**

相手への愛情を素直に伝えられる大人の女性は、それだけで好感度大。若い世代のように、過度な嫉妬や、相手を試すようなかけひきはしない。

**⑧料理などの男性が喜ぶスキルを正しく理解している**

定番メニューをそつなくつくる、手際がいいなど、男性目線での家事能力が高い。凝った料理やハンドメイドが得意な人も多いが、逆効果になることも。

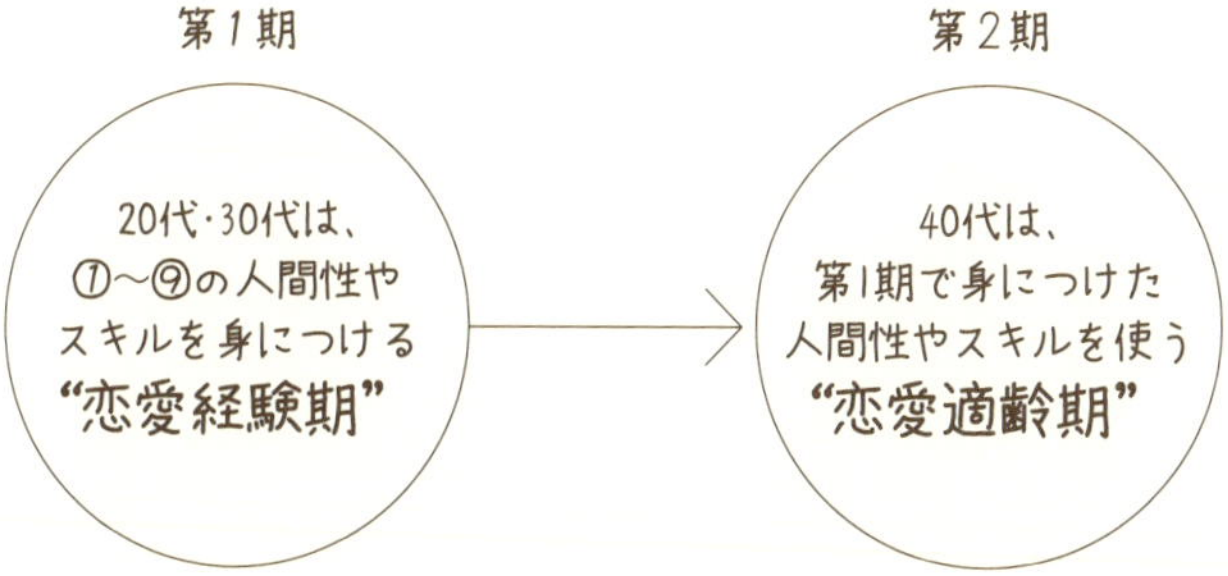

第1期
20代・30代は、
①〜⑨の人間性や
スキルを身につける
"恋愛経験期"
第2期
40代は、
第1期で身につけた
人間性やスキルを使う
"恋愛適齢期"

恋愛経験期（第1期＝20代・30代）より、
恋愛適齢期（第2期＝40代）のほうが、
相性のいいパートナーと出会い、心から愛し、愛されるチャンスがある

**⑨結婚を急がせない雰囲気がある**

男性が40代女性と出会い、交際を考えたとき、「結婚を急がれないか」心配しているもの。ゆったりとした雰囲気を出せる女性は、より深く愛されやすい。

気づいたでしょうか？　ひとつひとつの項目に、特別な人間性やスキルはありません。**大人の女性なら、それまでの経験でそれなりに持ち合わせているものであって、幸せな同年代の女性たちは、これらを意識的に使い、タブー（Part6・P171〜）を避けている**というだけです。

もし現在のあなたに該当しない項目が

**幸せうさぎの声**

「もともと私は恋愛体質で愛情が強すぎるタイプだったんです。今の彼（42歳）にはそうならないように、できるだけ彼のことを考える時間を減らして、その分没頭できる趣味の時間を増やしました。今はちょっとだけ彼のほうが、愛情の量が多いと思います」（44歳）

あっても問題なし。これらを意識して接するだけでも、男性たちの印象はよくなるものです。

あなたは、ムダに年齢を積み重ねてきたわけではありません。幸せな恋愛・結婚をしている同世代女性とのちがいは、このようにごくわずかでしかないので、あきらめないでください。

## 幸せな同世代との差はごくわずか
## 今まで培った人間性を生かそう

# 40代に入って恋愛観が変わった？

40代の女性相談者さんと話していると、20代、30代、現在と、年代ごとに恋愛観が変わっていることに気づきます。

20代のころは、「恋愛を楽しみたい」「相性のいいパートナーを見つけよう」と思っているだけですが、30代に入ると考え方が一変。「結婚・出産したい」「婚活をがんばりたい」という願望が高まります。

しかし、独身のまま40代を迎えると、「今さら焦って結婚相手を決めるより、じっくり相性のいいパートナーを見つけよう」「結婚にガツガツしたくない」と再び考え方が一変。そう、40代に入ると、強かった結婚・出産願望がいったん落ち着き、20代のころと同じように「相性のいいパートナーを探そう」と考えるのです。

相談者の真知子さん（41歳）は、「30代のころは『何としても結婚・出産したい！』と思ってパートナーを探していたけど、結局、好きになれる人がなかなかいませんでした。でも、40代になって『まずは恋愛できるパートナーを見つけて、それから結婚を考えよう』という考え方に変わったんです」と話してくれました。

彼女の努力が実を結ばずに40代を迎えることになった理由は、結婚相手を探す婚活であるにもかかわらず、心の奥の「恋愛したい」という強い想いを抑えきれなかったから。しかし今の真知子さんは、短期間で相手の良し悪しを決める婚活から解放されて肩の力が抜け、素直な気持ちで恋愛と向き合えるようになったのです。

既婚女性たちも「今、本当に幸せ」と言い切れる人は少なく、ましてや「結婚が正しかった」という結論も出せていません。晴れてパートナーができたら、結婚を考えてもいいし、そのまま恋愛を楽しむのもアリ。すべてはあなた次第なのです。

**真の目的は、相性のいいパートナー探し**
**まずは結婚ではなく、恋愛を目指そう**

Part

2

# あなたの心に潜む 不安の正体とは？

年齢、相手探し、若い女性、
ブランク、離婚歴……。
あなたを恋愛から遠ざける不安を
ひとつずつ取り去っていきましょう。

# 不安の正体――実はあなたが一番知っている

私のもとへやって来る40代の相談者さんたちに「どんな不安がありますか？」と尋ねると、**①傷つきそうで怖い、②過去の恋愛を引きずっている、③年齢的に恥ずかしい、④出会いがない、⑤若い子には勝てない、⑥恋愛のブランクが長い、⑦見た目に自信が持てない、⑧バツイチ・子持ちだから**、という8種類の答えが返ってきます。

これらはまさに同年代女性のホンネであり、前向きに恋愛と向き合えない理由そのもの。でも、恋愛コンサルタントの私から言わせれば、恋愛を怖がっているから不安を拭い去れないだけであって、決して「恋愛できない理由」ではありません。

漠然とした不安を抱いているだけの現状を抜け出すために、まずは不安を軽減させることからはじめていきましょう。

また、見方を変えればこれら8つの不安は、**「傷つくのを恐れて、行動を起こせ**

**ない自分を守るため」の言い訳**です。しかし男性は、恋愛目線でも友人目線でも、**ネガティブな言い訳の多い女性に声をかけようとは思いません**。逆に、「恋がしたい」「いい人がいたらぜひ」。そんなポジティブな雰囲気の女性には、気軽に声をかけたり、「協力しよう」と思ったり、「僕はどうかな？」と立候補を考えるものです。

私は相談者さんと話すとき、まず「どこが不安なのか？」「なぜ不安なのか？」、思いつく限り、できるだけ具体的に話してもらうようにしています。それは、漠然と抱いていた不安をハッキリさせることで、「自分の状況が思っていたほど悪くない」ことに気づき、「できそうなところから解消していこう」と思えるようになるから。

実際、相談者さんの不安は、例外なく軽減できるものばかりで、彼女たちは前向きな気持ちで出会いの場に臨めるようになっていくのです。

次ページから不安の解消方法をひとつずつ紹介していきます。気になるところは、不安がやわらぐまで繰り返し読んでください。

## 出会いを遠ざける〝漠然とした不安〟ひとつずつやわらげていこう

幸せうさぎの声

「私のおすすめデートは、“わざわざ食べに行く”プチ旅行。東京から行くなら、江の島の生シラスとか、熱海の干物とか、栃木の宇都宮餃子とか、日帰りでも無理せず行けるご当地メニューを選んでいます。運転は彼（46歳）と交替なので余裕ですよ」（44歳）

## 不安1
# 傷つきそうで怖い

人間は完成されたものや成功したものより、未完成のものや失敗したもののほうが気になり、心に残りやすいと言われています（心理学のツァイガルニック効果）。

また、年齢を重ねれば当然、失恋や苦い経験の数は増えていくものです。

それだけに40代女性はこれまでの失恋や苦い経験が頭をよぎり、傷つくことを極端に恐れがち。特に新たな恋や、好印象の男性に対して臆病になってしまいます。

でも、よく考えてみてください。「傷つく」とは、あなたが誰にどうされることなのでしょうか？　私は相談者さんにいつもこの問いかけをしていますが、ほとんどの人は「フラれること」「冷たくあしらわれること」「遊ばれること」と答えます。

しかし、「フラれた」というのは、本気で好きになった男性に対して当てはまることであり、それ以前の段階で不安を抱くのは時期尚早。「冷たくあしらわれる」「遊ばれる」のは、そのような男性の集まる場所を避けるだけでいいものです。

また、友人の紹介や合コンなどの「恋人になるか、ならないか、すぐに結果を出し合う」タイプの出会いばかりしていたら、それほど好意のない相手にも「フラれた」と感じる機会は増えてしまいます。でも、まだお互いの長所どころか、人柄すら知らない男性なのですから、「傷つけられた」と落ち込むことはありません。

一方、趣味の場などの「時間をかけて距離を縮める、すぐに結果が出ない」タイプの出会い（スロー・ラブ、P123）は、お互いの長所や人柄がある程度伝わった上で恋愛に至るので、あなたを傷つけるような男性は少なく、むしろ尊重されるほうが多いものです。

それに、**もしあなたが好意を抱きはじめた男性に誘いを断られたとしても、「フラれて幸せになれなかった」という最終結果が出たわけではありません。**数か月後、彼の心境や状況が変わったらチャンスが訪れるかもしれないし、その間にもっと相性のいい別の男性が見つかるかもしれないのです。

## 傷つきにくい恋愛の仕方を選ぼう 何もない人生のほうが自分を傷つける

**幸せうさぎの声**

「大人のカップルらしく、彼（46歳）とは、『毎日感謝の言葉をかけ合う』『ケンカをしたらその日で仲直りする』『家事は分担する』『共同の財布を作る』『半年に1回1泊旅行する』と5つのルールを決めています。おかげで交際2年が過ぎた今でも仲よしですよ」（47歳）

不安 2

## 過去の恋愛を引きずっている

人生、仕事、恋愛……いずれに関しても、人間は3つのタイプに分類されると言われています。1人目は「現在」のことばかり考える人、2人目は「未来」のことばかり考える人、3人目は「過去」のことばかり考える人。なかでも恋愛面で最も問題なのは、「過去」のことばかり考えてしまう人です。

もしあなたが「彼と別れていなかったら今ごろ……」という空想、「どうしてあんなことをしてしまったんだろう」という後悔、「きっとまた失敗をしてしまう」という疑心暗鬼を抱いていたら、すぐに消し去りましょう。「過去」が悪影響を及ぼして、「現在」の動きを止め、幸せな「未来」を描けなくなっているのです。

**過去を払拭するためには、未来のいいイメージを積み重ねること。**「私は幸せになれる」「こんなカップルになりたい」「ここでデートをしよう」などといいイメージを持って過ごせば、脳がそれを実現させようとして体を動かしてくれるのです。

このことは、アスリートや営業マンが、「いいイメージトレーニングができると、よい結果を得やすい」と言われるのと似ています。

また、あなたには「これを見ると感動して泣ける」という映画やドラマはないでしょうか。結末のわかっている作り物なのに、脳が「これは感動的なものだ」というイメージを持っているので、なかば自動的に涙を流させているのです。

この本には、いいイメージを持てることがたくさん書かれています。各ページのノウハウも、幸せな同年代女性のエピソードもすべて事実。繰り返し読むことで、脳がネガティブからフラットへ、さらにポジティブへと変わっていくでしょう。

通常、過去の経験は、現在や未来に生かせるものですが、「恋愛に関しては過去から抜け出せない」という女性も多いだけに、常にいいイメージを持つことを忘れないようにしてください。

## 前向きなイメージトレーニングで“未来”の幸せな姿を思い描く

幸せうさぎの声

「彼(46歳)と初めて体の関係を持ったときは、本当に緊張しました。2人ともひさびさだったので、ちゃんと最後までできるか不安だったし、私の体を見てどう思うのか……と。初めてのときみたいでなかなかうまくいかなかったけど、彼も同じ心境だったみたい」(44歳)

## 不安3 こんな歳で恥ずかしい

私のもとに届く40代女性からのメールには、「こんな歳ですが、ある男性のことが好きになってしまいました」「恥ずかしながら、彼にどう接したらいいかわかりません」などと書かれていることがよくあります。

彼女たちは、ある思い込みをしていることにまったく気づいていません。それは年齢を問わず多くの人が抱く〝恋愛初期段階の恥じらい〟を「こんな歳で恥ずかしい」という感情に置き換えていること。恋愛初期の恥じらいは誰にでもあるもので、**女性をかわいらしく見せる大切な要素です**。逆に、男性から見て恥じらいのない女性は、実年齢以上に老けて見えて惹かれにくいので、気にする必要はありません。

あなたがもし、男性と出会い、緊張してうまく話せなければ、「緊張してしまって……恥ずかしいです」と伝えましょう。そのほうが「素直でかわいらしいな」と思ってもらえるし、男性も会話のハードルが下がって話しやすくなるものです。

また、**あなたのまわりにいる人たちは、40代女性の恋愛をあなたほど「恥ずかしいもの」とみなしていない**でしょう。思っているほど、あなたの年齢を気にしていないし、あなたが生き生きとしていれば、「ステキだな」「私もそうなりたい」などと好意的な目で見てもらえるものです。たとえば、あなた自身、同世代の女性タレントが恋愛しているのを見て、そう思いませんか？

最後にひとつ。いざ**交際がはじまると、多くの人が、恥ずかしさよりも、相手への愛情や、2人の一体感を優先させる**ようになります。あなたも、歯の浮くような言葉をかけたり、手作りのものをプレゼントしたり、ペアのものを買った経験はないでしょうか。出会いの段階だけ「恥ずかしいから」と自分の殻に閉じこもるのは、おかしな話。あまり気にする必要はないのです。

## “恥じらい”は大人女性の武器 むしろなくしてしまわないように

**幸せうさぎの声**

「手をつなぐとか、一緒にファストフードに行くとか、些細なことがうれしいんですよ。高校生時代に戻ったような感覚というか、しばらく恋愛していなかったのがいい方向に出ていると思いますね。彼（40歳）もそういう感覚があるみたいで楽しそうです」（43歳）

不安 4

# 出会いがない

相談者さんからの質問で最も多いのは「出会いはどうやって探せばいいの？」。ほとんどの女性が「年齢を重ねるほど出会いが減る」と思っていますが、そんなことはありません。**「出会いが減る」のではなく、「出会い方を知らない」だけ**なのです。

次に、「出会いがない」と話す女性の特徴と、その改善方法を挙げてみました。

**・出会い方が偏りがち。過去の恋人は同じような出会い方だった**

↓外出先の選び方や時間帯を変える。未体験や避けてきた場所へ行く（P110）

**・まわりの人に「恋人がいない」と素直に言えない**

↓周囲の人からは聞きづらいことを自覚し、折を見て伝える（P189）

**・好みのタイプがハッキリしている。見た目や収入など条件の優先順位が高い**

↓求める男性のいる場に行く、相手の条件を再考する（P119）

**・仕事の拘束時間が長い。精神的にキツイと感じることがある**

↓休日の2時間程度なら確保できる。出会いの時間割をつくる（P101）

**・読書、DVD、ゲーム、編み物など、一人で楽しめる趣味が複数ある**

↓「週に○時間」と決める。誰かと一緒に楽しむ趣味に変える（P101）

**・人の集まる場所が苦手。初対面の人との会話は気疲れする**

↓関わる人の数＝恋愛の可能性。苦手な場所にこそ、未知の可能性が（P110）

**・SNSを使っていない。モバイル用を使ったことがない**

↓朝夕の出勤時や寝る前など、習慣づけて使う。1日数分のみでいい（P123）

該当項目が多いほど出会いが生まれにくく、2つ以上の人は要注意。ただ、いずれもマイペースな性格によるものなので、心がけ次第で改善できるでしょう。

考え方や行動パターンを少し変えさえすれば、あなたはたくさんの男性たちと出会えるはずです。その具体的な方法は、Part4を参考にしてください。

## 「出会いがない」のではなく、「知らない」「気づいていない」だけ

**幸せうさぎの声**

「彼（39歳）との出会いは合コンです。友人には『まだやってるの？』とか言われますが、月に1回はやっていましたね。人数は男女同数にこだわらない、何か飲み会のテーマをつくって人を集める、同じメンバーで2度目を行なうなど、若いころとは違うやり方です」（41歳）

不安5

# 若い子には勝てない

「男性はみんな若い子が好き」「20代・30代には勝てない」

多くの40代女性がこう思っていますが、本当にそうなのでしょうか？　少なくとも長年、何千人もの恋愛コンサルをしてきた私はそう感じたことはありません。「引き立て役になるだけ」「どうせオバサン扱いされる」

もしそういう失礼な男性がいたとしても、「私からお断り」すべき相手である上に、あくまで少数派。**あなたが相性や居心地のいい男性を探すのと同じように、男性たちも年齢ではなく、相性や居心地のいい女性を探している**のです。

その背景にあるのは、未婚率の上昇、不景気、震災の影響といった社会状況。若さや外見など「表面上の儚いもの（不安定）」よりも、相性や居心地のよさなど「内面上の永続的なもの（安定）」を重視する男性が増えています。

あなたも20代・30代のころは、男性に外見や収入など〝表面上の儚いもの〟を求めていませんでしたか？　しかし、年齢を重ねるにつれて、相性や居心地のよさを

### 40代が20代・30代に勝てるポイント

| 40代女性の長所 | 対する20代・30代女性は… |
|---|---|
| ・穏やかで落ち着いた雰囲気 | ・ヒステリック、わがまま、感情的 |
| ・相手の話を聞ける。相談に乗れる | ・自分の話が多い。とりとめなく、脱線しがち |
| ・男性のフォローや気づかいができる | ・男性に任せっぱなし、あるいは仕切りっぱなし |
| ・男性のプライドを損ねない言い方ができる | ・否定的なことも率直に言ってしまう |
| ・小さなことでも感謝の気持ちを伝えられる | ・感謝の気持ちがあってもはっきり伝えられない |
| ・母性の強さ。視野が広く、受容的 | ・我が強い。視野が狭く、利己的 |
| ・恋人に自由を与えられる | ・恋人を束縛してしまう |
| ・恋人を甘えさせられる。多少のわがままは許せる | ・恋人に甘えたがるだけで、甘えさせない |
| ・ふだんは結婚をチラつかせない | ・ふだんから結婚をほのめかす。急かしがち |
| ・実年齢と見た目のギャップを武器にできる | ・実年齢通り。見た目のギャップは小さい |
| ・ワリカンでも気にしない。少なくともおごりは求めない | ・基本的にワリカンは嫌。おごってもらいたい |
| ・家事能力が高く、バランスよくこなせる | ・家事能力の個人差が大きく、苦手なことも多い |

## 【20代、30代女性】

※各項目5点満点

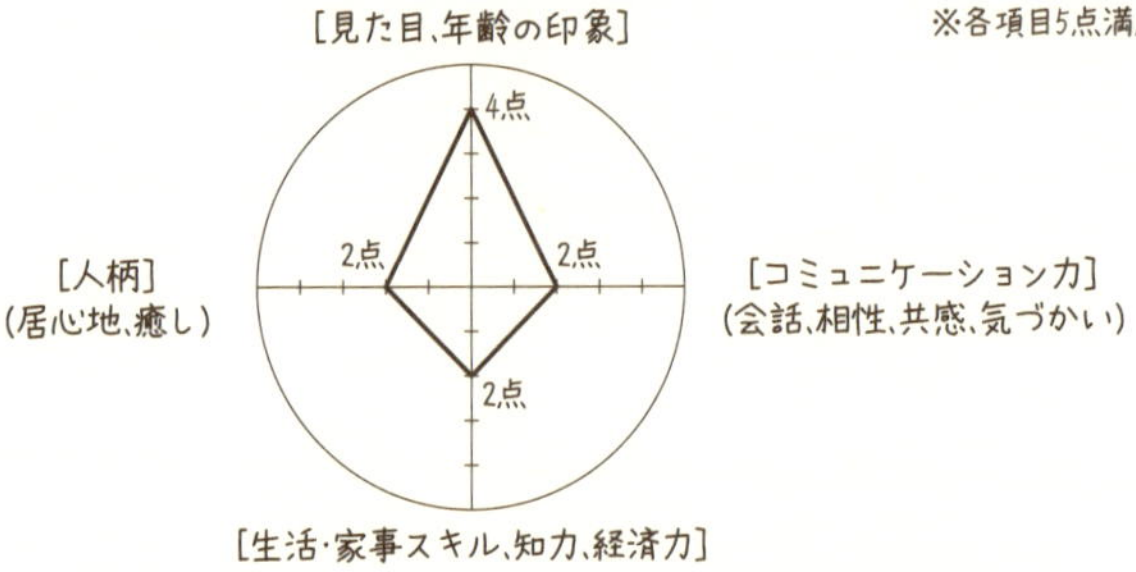


※[見た目、年齢]が3〜4点、
それ以外の項目は1〜2点の女性がほとんど。
合計点は、6〜10点くらい。

← [見た目と年齢]だけの
女性では
幸せになれない

## 【40代女性】

※各項目5点満点

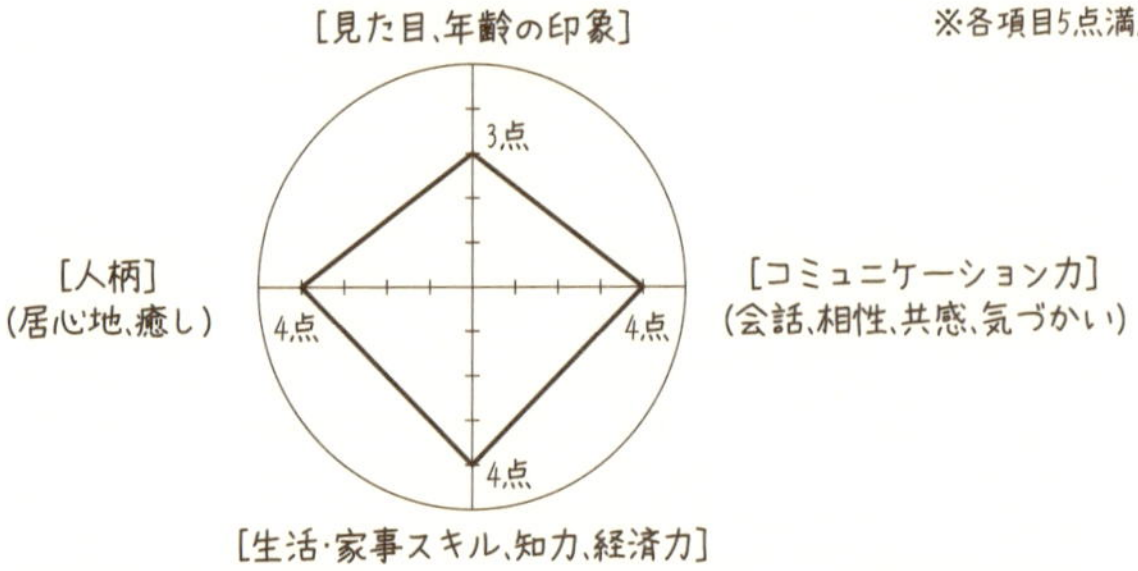


※[見た目、年齢]が2〜3点、
それ以外の項目は3〜5点の女性がほとんど。
合計点は、11〜18点くらい。

← バランスの取れた
大人の女性で
幸せが長続きしやすい

重視するように変わったのはないでしょうか。つまり男女で変わらないのです。

図のポイントに共通するキーワードは、**大人女性ならではのゆとりと包容力**。それが前述した相性や居心地のよさにつながり、20代・30代にはない魅力として男性に伝わるのです。特にここ数年、将来への不安や自信のなさから女性に包容力を求め、年上の女性を選ぶ男性が増えているのは、よい傾向でしょう。

## 男性は女性をトータルで見ている 勝てるポイントできっちり勝とう

「見た目、年齢」など、自分にとってネガティブな要素だけをピックアップして不安を抱くのは、フェアではありません。図のような「人柄」「コミュニケーション力」「生活・家事スキル」を含めた総合評価でバランスよく考えましょう。

**あなたが考えているよりも男性たちは、女性をトータルで判断しています。** つい若い女性を目で追ってしまうことはあっても、結局、選ぶのは、人柄や家事スキルなどをバランスよく備えた大人の女性なのです。

幸せうさぎの声

「つき合いはじめたからわかったのですが、彼(43歳)は20代のころから年上好きで、『40代になってもそれは変わらない』みたい。正直、ちょっと頼りないところもあるけど、何でも話してくれるし、年上好きの彼は今の私にすごく合う気がしています」(48歳)

不安 6

# 恋愛のブランクが長い

日ごろ、たくさんの40代女性と話していて気づくのは、5年以上恋愛から遠ざかっている人の多さ。私の相談者さんでは、約7割がその状態であり、「恋愛の仕方がわからない」「人を好きになる感覚を忘れてしまった……」と言うのです。

もし長い間、恋愛から遠ざかっていたとしても、不安を抱くことはありません。恋愛の仕方がわからないのも、人を好きになる感覚を忘れたのも、むしろ好都合。だからこそ次の恋愛では、**学生時代のような純粋さやフレッシュさが再生され、男性たちは声をかけたくなるもの**です。

10代・20代前半は、純粋さやフレッシュさが

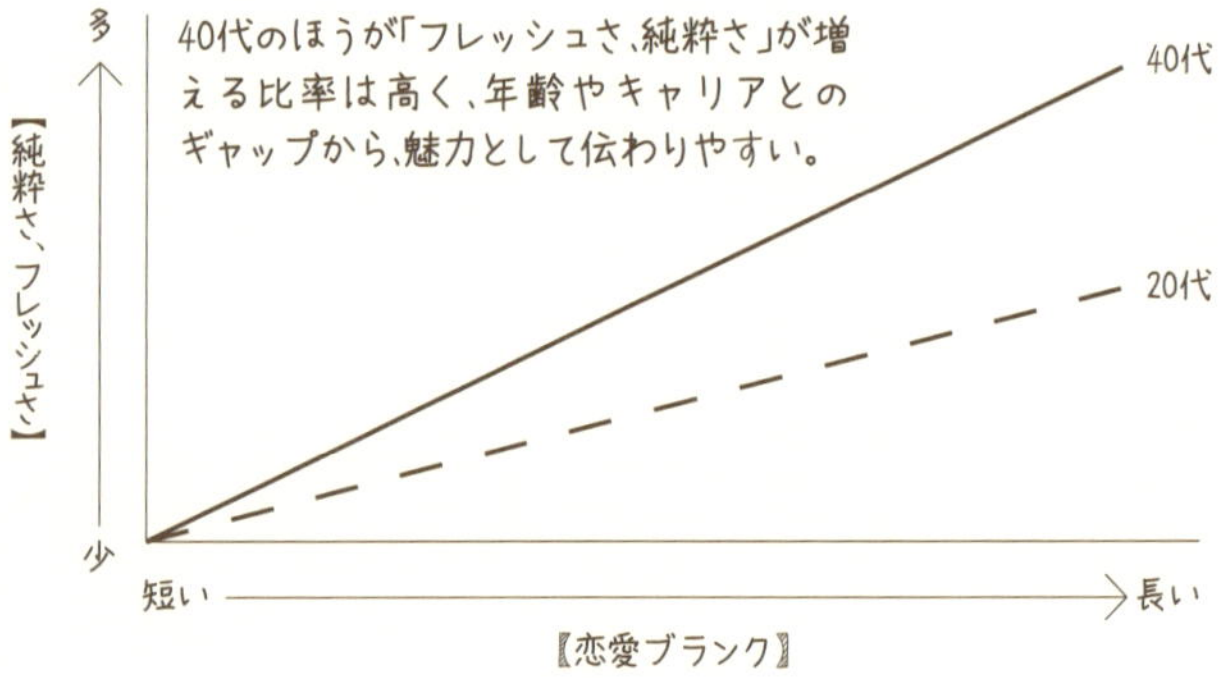

あって当然の世代。「若さっていいな」と思うかもしれませんが、40代女性の純粋さやフレッシュさは、「年齢やキャリアの割に」という、よいギャップを印象づけてくれるのです。実際、私のもとを訪れる相談者さんでも、20代よりも40代のほうが純粋さやフレッシュさを感じます。

そもそも遠ざかっているのですから、うまくいかなくて当然。誘い方がわからなくても、緊張でうまく話せなくても、ぎこちないデートになっても、無理に取り繕う必要はないのです。ブランクがあっても、出会いの場に顔を出し、コミュニケーションをとっていれば、徐々に恋愛の感覚は戻り、過去の経験を生かせるでしょう。

また、「ひさびさでわからなくて」「緊張しちゃって」と正直に伝えてしまうのもひとつの手。その正直さで、かえって好印象を与えられるものです。「もう何年も恋人がいない」と気にするのではなく、「また一から恋愛を楽しもう」と考えましょう。

## ブランクの長さはむしろ魅力に一から恋愛を楽しむチャンス

**スロー・ラブ 小ワザ**

「今日はうまく話せなかったな」と思ったときほど、**帰り際に力を入れる**こと。「ぜひまだお会いしたい」「話の続きを聞きたい」などと好意を伝え、笑顔で手を振って見送りましょう。すると男性の胸にその姿の残像が残り、「また誘ってみよう」と思うきっかけになります。

不安 7

# 見た目に自信が持てない

長年、鏡で自分を見続けているのですから、「前より老けた」「シワが増えたな」と感じることもあるでしょう。しかし、それが原因で出会いを遠ざけているのであれば、なんとももったいない話です。

見た目の印象を決めるのは、①顔や、②スタイルだけではありません。③服、④小物、⑤ヘア、⑥メイクなどのオシャレ。さらには、⑦表情、⑧話し方、⑨仕草、⑩振る舞い・所作も含めたトータルで判断されるものなのです。

たしかに①②は、それなりの努力をしなければ少しずつ後退するでしょうが、③④⑤⑥は、ある程度の工夫で効果が現われるところ。そして、大人の女性に自信を持ってほしいのが、⑦⑧⑨⑩。これは**対人経験の豊富さを生かせる強み**なのです。

たとえば、穏やかな笑顔、癒しと包容力を感じさせる話し方、大人の女性らしい気づかいと所作があれば、多少のシワやボディラインのゆるみくらいはカバーできるでしょう。すなわち、**顔やスタイルなどのパーツを見せるより、女性らしい雰囲**

**気を感じさせる、瞬間的に見せるのではなく、何度か会って実感させる**姿勢があればOK。美魔女のように①②を徹底的に磨かなくてはいけないのではありません。

また、見た目で自信をつけたいのであれば、自力で何とかしようとするよりも、プロの手を借りるのがおすすめ。①⑤⑥はヘアメイクアーティスト、②はボディトレーナー、③④はパーソナルスタイリスト、⑦⑧⑨⑩はコミュニケーションコーチなど、個人の相談に乗ってくれる専門家も多いので、積極的に活用しましょう。

プロの手を借りれば、少なからず自信がついて、「出会いの場に行ってみよう」とも思えるもの。また、身近な友人や同僚などに「変わった」「キレイになった」とホメられることから少しずつ自信をつければいいのです。

## 顔やスタイルだけではなく10の項目をバランスよく見せよう

スロー・ラブ 小ワザ

大人の男性に好印象を与えたいのなら、**シンプルを心がけるべき。**服やヘアメイクも、自己PRも、抑えめにしたほうが、男性たちは「清楚、控えめ」と感じるものです。「若く見られよう」として着飾りすぎたり、「知的と思われよう」として話しすぎないように。

不安 8
# バツイチ、子持ちだから

「夫婦の3組に1組が離婚する」と言われる時代になりました。あなたのまわりにも、離婚歴のある人やシングルマザーは多いと思います。たしかに「バツイチと伝えたとたん、冷たい態度を取られるのでは……」という不安はあるでしょう。

しかし、あきらめるどころか、コンプレックスすら感じる必要はありません。私の相談者さんにも離婚歴のある人やシングルマザーは多いのですが、約7割の女性が再婚しています。また、結婚する夫婦の25・9%が再婚という厚生労働省のデータ（2009年）もあります。つまりバツイチでも子持ちでも、特別なことが必要なわけでも、出会いが限定されるわけでもないのです。

一方、男性目線では、バツイチ、子持ちの女性をどう思うのでしょうか。

年齢や好みなどで個人差こそありますが、男性の相談者さんたちに話を聞くと、**「好きになったら気にならない」「魅力的な女性ならむしろ自然」という好意的な声のほうが多い**ものです。**特に同世代の男性は、ほぼ気にしない**と言ってもいいでしょう。

また、**子どもの有無に関しても、「オレも子どもが欲しかった」「こんなにかわいい子ならぜひ」と前向きな男性が意外に多い**ことを心に留めておきましょう。30代以上の男性であれば、「もしかしたらオレの人生には子どもがいないのかも……」と感じたことが一度はあるだけに、消極的にならなくてもいいのです。

ただし、**伝えるタイミングは要注意。**出会って間もない女性から「私は離婚歴がある」「子どもがいる」と聞かされたら、一歩引いてしまうのが人の心です。まだ相手に長所や魅力などのプラス面が伝わっていないのですから、無理もありません。「隠しているようでイヤ」「後ろめたい気がする」という気持ちはわかるのですが、聞いていないのに打ち明けられても、相手の男性は困ってしまうだけ。

逆に、交際数か月がすぎたのに黙っているのも、せっかく得た信頼を損ねる危険性があります。早すぎず遅すぎず、自分のプラス面が伝わったあとで話しましょう。

## 離婚歴は恋愛経験のひとつ 伝えるタイミングだけ気をつけよう

**幸せうさぎの声**

「私も彼（39歳）もバツイチ同士なのですが、一度もケンカしたことがありません。彼は月一で別れた妻子と会うのですが、気持ちよく送り出しているのがいいのかもしれませんね。子どもと会ったあとは寂しいみたいなので、一緒にいて慰めています」（41歳）

# それでも不安が消えないあなたに……

2章をここまで読み進めてみて、いかがでしょうか。
あなたが恋愛する上での不安は、減りましたか？

まったく不安のない人はいないでしょう。それはどんな出会いの場に行っても、会話やメールをするときも、デートのときも、交際がはじまってからも同じ。常に不安はつきものですし、なかなか100％消し去ることはできません。

それならば、**無理に解消しようとするより、うまくつき合っていくほうが得策**です。不安に襲われそうになったら、その都度、少しずつポジティブなことを考えてやり過ごしていきましょう。

Part2の考え方やPart3のデータは、あなたがポジティブな気持ちを持てるものを書きました。出会いに恵まれないときや、一歩踏み出せないとき、あき

## 不安の解消法

| 自分の心と向き合う<br>マイ・コミュニケーション | 誰かの力を借りる<br>アワー・コミュニケーション |
| --- | --- |
| この本に書かれた文やデータを読む<br>→多くの恋愛対象や、よい状況があることを実感する | 友人や家族など、信頼できる人や自分の理解者に話を聞いてもらう<br>→客観的な意見に加え、励まし、後押しをもらえる |
| 自分の心境や状況を紙に書く<br>→書くことで気持ちが整理され、不安の原因に気づける | コンサルタント、セラピストなどのプロにアドバイスを求める<br>→プロの言葉は自分を納得させやすく、前向きになれる |
| 自分の長所や成長した点を挙げる<br>→長所や成長を認識できた分だけ、不安の量が減る | 自分と似た心境や状況の人と会い、意見交換する<br>→「自分だけではない」という安心感が得られる |
| 内面・外見を磨き、自信をつける<br>→磨いたものを出会いの場で試し、さらに自信をつける | 新たな友人を増やし、人脈と行動範囲を広げる<br>→多くの人から必要とされ、会話力や対人力も上がる |

らめそうになったときは、何度でも読み返して不安を軽くしてほしいと思います。

さらに、不安の主な解消方法を前ページの表にまとめてみました。

表に挙げた方法は大きくわけて、**自分の心と向き合う＝マイ・コミュニケーションと、誰かの力を借りる＝アワー・コミュニケーションの2種類。**自分に合う方法を選んで実践すればいいのですが、すぐに不安材料を集めてしまうタイプの人は、いくつかの方法を併用して、深く落ち込まないようにコントロールしましょう。

## 不安とうまくつき合いながら、「私なり」の解消方法を見つけよう

「がんばらなきゃ」と思う必要はありません。最初は半信半疑でもいいし、不安を抱えながらでいいので、まずは小さな一歩を踏み出してみませんか？

最もよくないのは、行動を起こす前に、自ら閉じこもり、あきらめてしまうこと。しかし、この本を読んでいる時点で、あなたはすでに行動しはじめています。さらに、もう一歩、二歩、三歩と踏み出せれば、いつか最愛の男性に出会えるでしょう。

Part

# 3

# 恋人候補はこんなにいる

「まわりの男性は、既婚者や恋人のいる人ばかり」

というあなた。

でもそれは本当ですか？

この章では、恋人候補の男性にまつわる
心強いデータを挙げていきます。

# 独身男性のほうが圧倒的に多い

「私を好きになる男性なんて、本当にいるのでしょうか？」

そんな疑問を投げかける相談者さんは多いのですが、その答えは何の迷いもなく「イエス」。日本全国には、あなたが思っている以上に多くの独身男性がいて、恋人を探しているので、そんなことを考える必要はありません。ここでは、みなさんにより安心して出会いを探してもらうために、それを実証する3つのデータを紹介します。

ひとつ目のデータは、男女別の人口。

**そもそも日本国内には、男性のほうが多い**のです。なかでも恋愛が盛んな20・30・40代は、それぞれ10～20万人も多く、それはすなわち**恋愛対象が多い**ということ。一夫一妻制の日本では、女性が余ってしまうことはなく、**男性を選べる有利な**

## 【20～50代の男女別人口】

| 年代 | 男性 | 女性 | 男女数の比較 |
|---|---|---|---|
| 20代 | 693万人 | 666万人 | **※男性のほうが27万人多い** |
| 30代 | 903万人 | 877万人 | **※男性のほうが26万人多い** |
| 40代 | 871万人 | 857万人 | **※男性のほうが14万人多い** |
| 50代 | 795万人 | 801万人 | **※女性のほうが6万人多い** |

（総務省統計局　人口推計2011年10月度）

**立場にいる**のです。

ちなみに50代以降は、疾病や寿命などの関連もあって女性のほうが多くなるため、恋愛相手を年下男性の中から探す傾向があります。

2つ目のデータは、独身者の数。

次ページの表に、男女お互いが恋愛対象になりやすい20～50代の独身者率を挙げました。たとえば、40～44歳の男性は27・9％が未婚であり、4・8％が妻と離婚・死別しているので、その数値を足した32・7％、つまり約3人に1人が独身ということになります。「そんなにいるんだ」と思いませんでしたか？

そこに、45～49歳の独身者27・6％を

**幸せうさぎの声**

「彼（36歳）との出会いは地元の居酒屋。店員さんの仲介で、お互いの友人を交えて何度か飲んだあと、彼の家で飲む仲間に入れてもらいました。まわりは恋人アリか夫婦ばかりだったので、必然的に彼と私は……。年齢はつき合う直前に伝えました（笑）」（42歳）

【男性】

| 年代 | 未婚 | 配偶者有 | 離別・死別 | 独身者の割合(未婚＋離別・死別) |
|---|---|---|---|---|
| 全体 | 31.5% | 61.7% | 6.7% | ※38.2%が独身 |
| 20～24歳 | 94.2% | 5.5% | 0.3% | ※94.5%が独身 |
| 25～29歳 | 71.1% | 27.9% | 1.0% | ※72.1%が独身 |
| 30～34歳 | 46.5% | 51.3% | 2.2% | ※48.7%が独身 |
| 35～39歳 | 34.6% | 61.9% | 3.5% | ※38.1%が独身 |
| 40～44歳 | 27.9% | 67.3% | 4.8% | ※32.7%が独身 |
| 45～49歳 | 21.5% | 72.3% | 6.1% | ※27.6%が独身 |
| 50～54歳 | 17.2% | 75.9% | 6.9% | ※24.1%が独身 |
| 55～59歳 | 13.6% | 78.7% | 7.7% | ※21.3%が独身 |

【女性】

| 年代 | 未婚 | 配偶者有 | 離別・死別 | 独身者の割合(未婚＋離別・死別) |
|---|---|---|---|---|
| 全体 | 23.0% | 57.5% | 19.5% | ※42.5%が独身 |
| 20～24歳 | 89.6% | 9.5% | 0.9% | ※90.5%が独身 |
| 25～29歳 | 59.9% | 37.5% | 2.5% | ※62.4%が独身 |
| 30～34歳 | 33.3% | 62.1% | 4.6% | ※37.9%が独身 |
| 35～39歳 | 22.4% | 70.7% | 7.0% | ※29.4%が独身 |
| 40～44歳 | 16.6% | 74.3% | 9.1% | ※25.7%が独身 |
| 45～49歳 | 11.7% | 77.5% | 10.8% | ※22.5%が独身 |
| 50～54歳 | 7.8% | 80.5% | 11.7% | ※19.5%が独身 |
| 55～59歳 | 6.2% | 79.9% | 14.0% | ※20.2%が独身 |

(総務省統計局　国勢調査2010年)

足して2で割ると、40代男性の独身者率が30・2%であることがわかります。調査年度に1年の誤差はありますが、この割合を先述した40代男性の人口871万人で計算すると、**日本全国には、約263万人もの40代独身男性がいる**ということになります。

さらに、この263万人を都道府県数の47で割ると約6万人。単純計算ですし、都市部と地方のちがいはあるでしょうが、各県には約6万人もの40代独身男性がいるという目安になります。身近な場所だけでも、そんなにいるとわかったら、出会いの場に行きたくなりませんか？

また、「50歳の時点で一度も結婚をしたことのない人」の割合を示す〝生涯未婚率〟という数値をご存じでしょうか。1990年代は男女とも5%程度でしたが、21世紀に入って急激に上がり、2005年には男性15・96%、女性7・25%、2010年には男性19・4%、女性9・8%になりました（人口統計資料集2011年）。つまり「男性の約5人に1人、女性の10人に1人は人生で一度も結婚をしない」ということです。

さらに、現在の経済不況や、非婚志向者の増加などの影響から、2020年には

【生涯未婚率の推計】

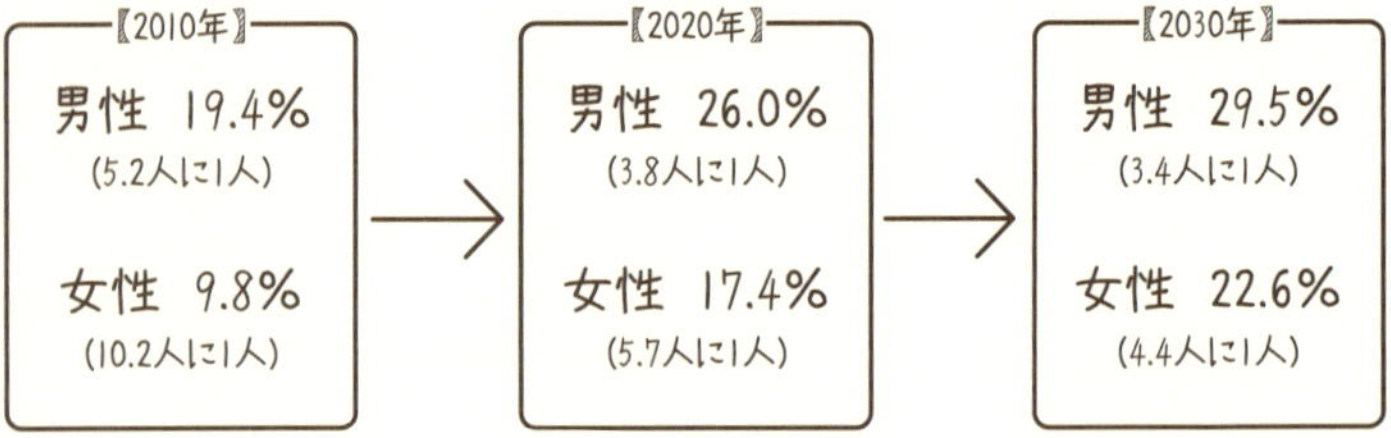

| 【2010年】 | 【2020年】 | 【2030年】 |
|---|---|---|
| 男性 19.4%<br>(5.2人に1人) | 男性 26.0%<br>(3.8人に1人) | 男性 29.5%<br>(3.4人に1人) |
| 女性 9.8%<br>(10.2人に1人) | 女性 17.4%<br>(5.7人に1人) | 女性 22.6%<br>(4.4人に1人) |

独身男性（あなたの恋人候補）は年を追うごとに増えている

男性26・0%　女性17・4%、2030年には男性29・5%、女性22・6%になると推計されています（厚生労働白書2010年）。

このデータを見て、何か気づきませんでしたか？

それは、「今よりもっと結婚しにくくなるのか……」という後ろ向きなものではなく、**男性のほうが人口は多いのに、生涯未婚率は常に約10%も高い**という事実。「こんなに独身男性のほうが多いんだ」「恋人候補はこんなにいる」と前向きなデータとしてとらえてください。

多くの未婚男性から、自分に合うパートナーをしっかり選んで、「恋愛を楽しむのもよし、結婚するのもよし」なのです。

## 【恋人はいますか？】

| 男性 | 全体「いる」 | 全体「いない」 | 40代「いる」 | 40代「いない」 |
|---|---|---|---|---|
| オーネット調べ | 22.0% | **78.0%** | 16.0% | **84.0%** |
| インテージ調べ | 30.9% | **69.1%** | 26.0% | **74.0%** |

| 女性 | 全体「いる」 | 全体「いない」 | 40代「いる」 | 40代「いない」 |
|---|---|---|---|---|
| オーネット調べ | 31.7% | **68.3%** | 25.0% | **75.0%** |
| インテージ調べ | 44.4% | **55.6%** | 32.7% | **67.3%** |

（調査対象20～40代の独身男女900人　2011年）

３つ目のデータは、恋人の有無。

ここでは2社のアンケート結果を挙げましたが、なんと**独身男性の7～8割が「恋人はいない」と答えています。**また、同年代の40代男性に絞ると、その割合はさらに増えるという結果を見ても、「いかに恋人のいない独身男性が多いか」ということがわかるでしょう。つまり「同年代の独身男性は、ほとんど恋人がいない」と思って接してもいいのです。

次に、「恋人がいる」の男女数値を比べると、いずれも女性のほうが高いことがわかります。これは言い換えれば、「男性のほうが、恋人を探している人が多い」ということ。これらの男性から見たら、あなたは貴重な存在なのです。

**幸せうさぎの声**

「彼（43歳）は15年間も恋人がいなかったから、全然エスコートがなってない。でも、怒るとケンカになるだけなので、『こうしてくれるともっとうれしいな』とやんわり伝えています。あまり変わらないけど、ブランクが長い分、ガマンしてあげようかと（笑）」（43歳）

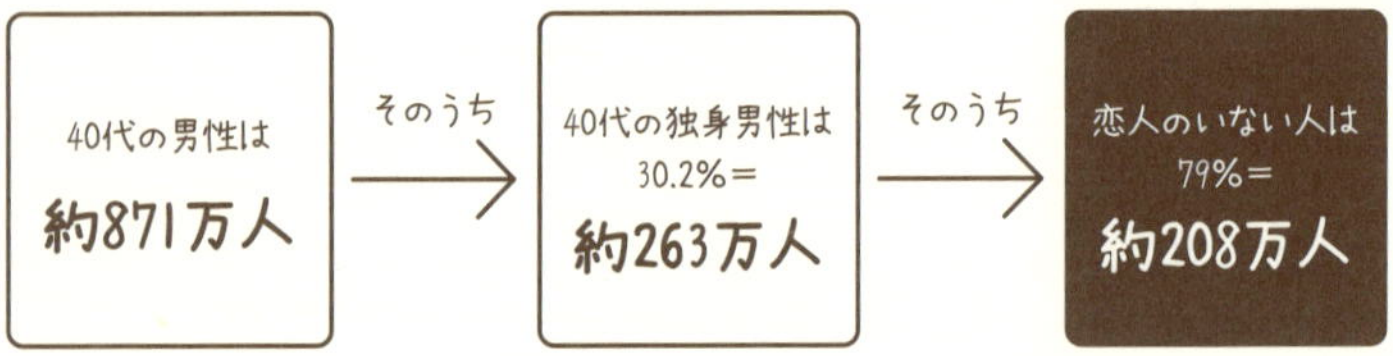


さらに、２つのアンケートには、「男性の恋愛意欲は20代から40代まであまり変わらない（加齢とともに減らない）」という結果も書かれていました。「恋愛意欲はあるのに、恋人がいない」独身男性が多いのですから、出会いの場に行けば何かが生まれそうな気がしませんか？

ちなみに、先ほど計算した「日本全国には、約２６３万人の40代独身男性がいる」というデータに、このアンケート結果を当てはめてみると、２６３万人の79％（恋人がいない40代男性の割合。アンケート２つの平均値）である約２０８万人が、恋人のいない40代の独身男性数という計算になります。

ここまで人口、独身者の数、恋人の有無と3つのデータを挙げましたが、いずれもあなたにとって頼もしいものではないでしょうか。ここで取り上げなかったデータのなかにも、「恋人がいない独身男性の数は過去最高」という結果があるなど、とにかくチャンスは多いのです。

同年代はもちろん20代、30代の男性もすべてが恋愛対象。そのなかには、必ずあなたと相性のいい男性がいるはずです。

## 「恋人なし」の男性は増えている あなたは選べる有利な立場

幸せうさぎの声

「3年弱、婚活を続けてきてよかったです。実は一度あきらめて3か月くらい休んでしまったのですが、初対面の男性と話す感覚を忘れてしまうし、再開するのにすごくパワーが必要だし、とにかく大変でした。彼（50歳）と結婚できて本当に幸せです」（48歳）

## 「40代女性をどう思う？」男性500人にホンネを聞いた

前項で書いたように、「恋人のいない独身男性が多い」という事実があるとしても、40代女性を恋愛対象として見ていなければ意味がありません。実際、世の男性たちは、みなさんのことをどう思っているのでしょうか。

コンサルティングの相談者さん、街頭インタビュー、SNSのフォロワーなど、独身男性500人にアンケートを行ない、ホンネを語ってもらいました（年代の内訳は、20代100人、30代200人、40代200人）。

**【質問1】40代の独身女性にどんなイメージがありますか？**

回答の上位2つがポジティブなイメージであることに、安心したのではないでしょうか。また、**1位の「落ち着き」「穏やかさ」に代表される、〝大人女性〟なら**

| | | | |
|---|---|---|---|
| ○ | **落ち着きがある、穏やか** | 81人 | 16.1% |
| ○ | **大人の女性、物わかりがいい** | 64人 | 12.8% |
| × | 結婚を焦っていそう、男を探していそう | 59人 | 11.8% |
| × | 寂しそう、痛々しい | 45人 | 9.0% |
| ○ | **優しそう** | 42人 | 8.4% |
| ○ | **頼れる、包容力がある** | 35人 | 7.0% |
| × | おばさんという印象。恋愛対象になりにくい | 27人 | 5.4% |
| ○ | **人生経験が豊富** | 22人 | 4.4% |
| × | ストレスがたまっていそう、グチが多そう | 21人 | 4.2% |
| × | 恋愛がごぶさた、出会いがなさそう | 15人 | 3.0% |
| ○ | **仕事ができる、キャリアがある** | 12人 | 2.4% |
| △ | いろいろこだわりがありそう | 10人 | 2.0% |
| ○ | **趣味が多そう、グルメのイメージ** | 7人 | 1.4% |
| ○ | **聞き上手、話し上手** | 7人 | 1.4% |
| ○ | **貯金が多そう、節約していそう** | 4人 | 0.8% |
| △ | 自由人、やりたいように生きている | 3人 | 0.6% |
| △ | 人によって見た目に差が出る | 3人 | 0.6% |
| | その他 | 43人 | 8.6% |

※○:ポジティブ　△:どちらでもない　×:ネガティブなイメージ

**ではの長所やスキルが上位にきているのも、好材料**と言えます。さらに、「頼れる」「人生経験が豊富」など、年齢を好意的にとらえた声もよく聞きました。

少なくとも、「年齢を言った瞬間に引いてしまう」男性は少数派。ゆえに、堂々と大人の女性としての魅力を伝えていけばいいのです。

**幸せうさぎの声**

「彼（47歳）からつき合って2か月でプロポーズされたんですよ。でもさすがに早すぎるから、『あと1年間待ってほしい』と返事して普通につき合っています。もうすぐ1年になるので、彼がどう出るかなと思っていますが……私は別に結婚しなくていいかも（笑）」（44歳）

## 【質問2】40代の女性は恋愛対象に入りますか？

| | | |
|---|---|---|
| 恋愛対象内 …………………… | 189人 | 38% |
| 恋愛対象外 …………………… | 104人 | 21% |
| 人による …………………… | 207人 | 41% |

**「対象内」だけで約4割、「人による」を合わせると約8割もの男性が、「40代の女性は恋愛対象に入る」**という結果が出ました。アンケート回答者の2割が20代男性だったことを踏まえると、かなり前向きな数値ではないでしょうか。

「ちょっとステキだな」と思った男性が年下だとしても、簡単にあきらめる必要はないのです。

## 【質問3】質問2の恋愛対象内、恋愛対象外、人による、それぞれの理由は？

### 〚「恋愛対象内」の主な理由〛

| |
|---|
| 同年代の女性が一番しっくりくる(47歳) |
| 今、好きな人が44歳なので(46歳) |
| 40代女性のほうが、女性らしくてかわいらしい(44歳) |
| 遊ぶなら若い女性でもいいが、長年一緒にいるなら大人の女性(43歳) |
| 会話が嚙み合うし、話題にも困らない(42歳) |
| 背伸びしなくていいし、物わかりがいいから気楽(40歳) |
| もともと年齢はそれほど気にしない(37歳) |
| ずっと年上が好きだから(36歳) |
| 子どもはいらないので、40代でも問題ない(35歳) |
| おごってあげなくていいし、気をつかわなくてよさそう(33歳) |
| 同年代の女性よりも、自分のことを理解してくれそう(31歳) |
| リードしてもらえそうで楽しみ(29歳) |
| 甘えたり、甘えてもらったり両方できそう(27歳) |

### 〚「恋愛対象外」の主な理由〛

| |
|---|
| 口うるさいとか、扱いにくいイメージがあるから(45歳) |
| まわりに魅力的な40代女性がいない(44歳) |
| 前の恋人が同年代で別れるときに大変だった(43歳) |
| 若い女性と気楽につき合っていたほうがいい(40歳) |
| つき合うのも別れるのも覚悟がいるから(40歳) |
| 抱きたいと思えるのか、よくわからない(38歳) |
| まだ結婚したくないのに、急かされそう(37歳) |
| 髪型やメイクがおばさんっぽいイメージだから(35歳) |
| 顔のシワや肌荒れが気になってしまう(35歳) |
| 年上は好きになったことがない(34歳) |
| 並んで歩くのに、違和感があると思う(33歳) |
| 将来、子どもが欲しいと思っているから(29歳) |
| 母親のようにしか見えない(28歳) |

**スロー・ラブ 小ワザ**

私が30・40代の男性500人に「惹かれる大人女性の仕草は？」と聞いたら、1位は髪をかき上げる、2位は「ありがとう」と言う笑顔とおじぎ、3位は料理を取りわけるのが上手、4位は服や靴などをキレイにそろえる、5位は料理などで髪をアップにする、でした。

## 【「人による」の主な理由】

| |
|---|
| まわりの40代女性を見ると、個人差が大きいから(47歳) |
| 年齢よりも価値観が合う人のほうがいいので(45歳) |
| キレイな人なら、年齢は気にならない(44歳) |
| 男性を立てられるなど、年齢に見合う性格の人なら(44歳) |
| いざというときに頼れるなど、精神的に大人の女性なら(40歳) |
| スタイルが崩れていなければ問題ない(39歳) |
| 美肌の女性なら若く見えるし、気にならないと思う(37歳) |
| 外見も内面も話していても、違和感がなければ(35歳) |
| 好きになってしまった人なら、おそらく大丈夫(35歳) |
| よくないことは「ダメ」と叱ってくれる人なら(33歳) |
| テレビで“美魔女”を見ていて、全然いけると思った(32歳) |
| 気持ちが若くて、癒し系の人なら考えられそう(29歳) |
| 会社の先輩で「つき合いたい」と思う人がいるから(28歳) |

このアンケート結果から考えられるのは、次の2点。

・**独身男性は、40代女性に「癒し、安心感、居心地のよさ」を求めている**
「優位に立ちたい」のではなく、「リードしなきゃ」と力むこともなく、「自然体でつき合っていきたい」「穏やかな関係を築きたい」と思っているようです。

・**「恋愛対象外」の理由は「見た目年齢の高さ、精神面での重さ、先入観」**
ただ、これらは表裏一体。「実年齢より若い」「大人の女性らしいゆとりがある」と思わせられれば、むしろ愛される理由になるものです。

## 【質問4】質問2が「恋愛対象内」の人は、どんな交際をしたいですか？

**同年代はよきパートナーとしての対等な関係を、年下世代は精神的な支えを期待しているよう**です。

年齢が下がるほど男性の甘えを感じる回答が多かったのですが、これを一蹴するのではなく、大人の女性らしく成長を促すなどコントロールしたいところ。それができれば、年下男性たちと仲のいいカップルになれるでしょう。

【主な回答】

| |
|---|
| 信頼し合い、助け合える大人の交際（47歳） |
| 2人きりでのんびり過ごしたい（46歳） |
| 一緒に趣味を楽しめる仲よしカップル（45歳） |
| 手をつないでいろいろな場所でデートしたい（43歳） |
| 一緒に住んでみて、よければ夫婦になりたい（41歳） |
| 仕事の相談もできるよきパートナーに（40歳） |
| 手料理をつくってもらい、一緒に食べたい（38歳） |
| 癒してもらえたら、癒してあげられると思う（37歳） |
| 年齢差を感じないような楽しいつき合い（35歳） |
| 手のひらの上で転がしてもらえれば（33歳） |
| 精神面が弱いので、優しく支えてほしい（30歳） |
| 金銭的に少し頼れたらうれしい（28歳） |

**幸せうさぎの声**

「同僚の彼（35歳）がいいかげんな仕事をして、周りの人に迷惑をかけていたので、強い口調で『もっと仕事も自分も大事にしたら』と言ったんです。そしたら彼は『本気で怒ってくれた女性は初めて』と感激して告白されました。今は私を大事にしてくれます」（41歳）

4つのアンケートからわかるのは、ある程度の個人差こそあるものの、**「多くの独身男性は、好意的な目で40代女性を見ている」こと、「精神的なゆとり、落ち着き、癒しを期待している」こと、「見た目を磨く努力は必要である」ことの3点。**

今回アンケートに協力してくれた独身男性は、いずれも「恋人がいない」だけに、リップサービスなどはありません。すべての声がホンネなので、自信を持つべきところと、改善が必要なところをしっかり把握して、ぜひ今後の恋愛に生かしてください。

## 独身男性は、想像以上に好意的
## ポイントは精神的なゆとりと癒し

# 日本の女性は“生涯売り手市場”

学生時代や20代のころは、ある程度受け身の姿勢でも男性から誘われて、恋愛がはじまることがあったのではないでしょうか。それだけに世間一般では「モテる20代のうちに、いい結婚相手を見つけておくべき」という声をよく聞きますが、決してそんなことはありません。40代は受け身の姿勢では恋が動き出しにくいだけで、20代と同等以上の恋愛や結婚ができるものです。

この章で書いてきたように、恋人候補がたくさんいるのは間違いのない事実。しかし、男性たちは、**「40代女性に恋愛の話を聞くのは失礼ではないか？」「結婚しているかもしれない」などと思い、気軽に声をかけにくい**ものです。

さらに、もし独身であることがわかっていたとしても、「恋人がいるのか、いないのか」「欲しいのか、欲しくないのか」は聞きにくく、「気分を害されても困るからや

**幸せうさぎの声**

「つき合って数か月は彼（37歳）がすごくごう慢だったんですよ。『どうせオレ以外いないだろ』と上から目線だったように思います。何とか彼を変えようと思って、1か月間会うのをやめました。懲りたみたいで優しくなったけど、油断しないように（笑）」（42歳）

めておこう」と考えがち。女性同士でもそうなのですから、男性はなおのことです。

それだけに、40代女性は、「恋愛したい」「恋人がほしい」という自分の気持ちを友人・知人や出会いの場でしっかりアナウンスしましょう。「大人しくしておこう」「年甲斐もなく恥ずかしい」などの消極的なスタンスでは、せっかくのチャンスが遠ざかるだけ。サラッと恋愛にまつわる話を振るくらいでちょうどいいのです。

それさえできていれば、**ほとんどの出会いの場で、女性のほうが希少価値は高く、生涯売り手市場。女性でいる限り、年齢は関係なく、選べる立場にある**のです。女性らしさを感じさせて、その場に華や癒しを添えられれば、おのずと恋ははじまっていくでしょう。もし今、あなたが恋をしていないのであれば、恋愛を休んでいるか、出会い方を間違えているかのどちらかなのです。

「私の恋愛はこれからどうなるの？」と考え込んでしまうのではなく、**「私の恋愛はこうしていこう」という意思を持って動いていきましょう**。相手は確実にたくさんいるのですから、もしうまくいかなくても、次の出会いを探せばいいだけです。

それでも「恋人候補の男性がたくさんいる」ことをイメージできない人は、こんなふうに考えてみてください。

あなたが電車で通勤するとき、行き帰りで何人の男性とすれちがいますか？

たとえば、私が住んでいる高円寺という駅から新宿に通勤する場合、自宅からの約20分間でだいたい３００人程度の男性とすれちがいます。Ｐ69のアンケートで約7割の男性が「恋人なし」と答えているので、この割合を当てはめると２１０人の男性は「恋人なし」。つまり２１０人があなたの恋人候補なのです。もちろん相性や好みはあるでしょうが、一度そういう目で通勤してみたら〝まだ接点がないだけ〟の恋人候補がいかに多いか、実感できるのではないでしょうか。

あるいは、収容人数２００人の居酒屋に入ったとします。単純計算でこの店に男性は半分の１００人いるとしたら、その7割に当たる約70人が「恋人なし」なのです。

さらに、男性客の多い店や、男性メンバーの多い趣味の場などに行けば、チャンスはますます増えるでしょう。この割合は多少の誤差こそあるものの、趣味の場や仕事関係など、どこへ行ってもそれほど変わりません。


**男性と出会えそうなイメージが湧いてきませんか？**

男性の人数が女性よりも多く、さらに恋人のいない割合も高いのですから、男性

**幸せうさぎの声**

「初めて彼（39歳）に会ったときは、何も思いませんでした。でも箸の持ち方がキレイだったり、おしぼりのたたみ方が丁寧だったり、小さな長所がたくさんある人で、少しずつ好きになりました。今までの恋人は、“好きになったつもりでいただけ”でしたね」（43歳）

たちは女性以上に出会いを求めています。うまくきっかけをつかめないだけで、歯がゆい思いをしている男性が多いのです。大人の女性なら、男性たちのそんな思いに気づき、距離を縮めていけるのではないでしょうか。

私はこれまで多くの相談者さんたちが、これらの状況に「突然、気づいて」出会いの場に足を運び、愛するパートナーと出会う姿を見てきました。だから、あなたもきっと大丈夫なのです。

**日本の女性が〝生涯売り手市場〟である理由**

- ほとんどの年代で、男性のほうが人口は多い
- どの年代も、恋人のいない割合は男性のほうが高い
- 「年上女性が好き」「年齢差は気にしない」という男性が増えている
- 男性の比率が高い店、趣味、グループなどが多く、女性は有利

## 自分の気持ちをしっかりアナウンス
## 男性は女性以上に出会いを求めている

Part

# 4

# 無理なく、楽しく、出会える場所へ

まずは、どんな出会いの場があるのか知り、
あなたに合うものを選びましょう。
この章では、15種類の出会い方と、
効率のいい方法を紹介していきます。

## “大人女性”の出会いは、この15パターン

私のもとには、毎日のように「出会いがありません」「どうやって出会えばいいのかわかりません」という女性からのメールが届きます。あなた自身はどうでしょうか？

そう感じてしまう最大の原因は、**今まで同じパターンの出会い方ばかりをしてきたから**。特に学校、職場、友人の紹介、合コンなどで恋人を探してきた人は、これらの出会いが見込めなくなったとき、途方に暮れてしまいます。

では、世の大人女性たちは、どこで恋人を見つけているのでしょうか。まずは、私が毎月行なっているアンケートの結果（２０１２年累計、40代女性１２００人）を見てください。

## 【現在の恋人とどこで出会いましたか？】

| 出会いの種類 | 交際までの期間 | アンケート結果 | 目安 |
|---|---|---|---|
| **1.友人、知人の紹介**<br>友人、同僚、家族、親族、また、その恋人や配偶者から男性を紹介してもらう。お互いに身元のハッキリした信頼できる相手なので、情報や連絡先の交換もスムーズ。1対1での対面も可能だが、できれば複数の気軽な食事会のなかで顔を合わせたい | ファスト～スロー | 208人(17.3%) | 【手軽さ】☆☆<br>【コスト】☆☆☆<br>【結婚度】☆☆☆ |
| **2.職場、仕事関係**<br>同部署はもちろん、接触の少ない同僚、他部署の人、取引先、出入り業者も視野に入る。仕事話からプライベート話にスライドさせ、食事につなげる。飲み会では、幹事を買って出ると好印象で、多くの人と連絡が取れるチャンス。可能なら異動願や転職もアリ | ミドル～スロー | 179人(14.9%) | 【手軽さ】☆<br>【コスト】☆☆☆<br>【結婚度】☆☆ |
| **3.SNS(facebook、mixi、twitterなど)**<br>コミュニティでのやり取り、イベントへの参加、直メッセージとコメントの書き込み、アプリでの交流などで徐々に距離を縮める。相手の情報が多いため、会話が弾みやすい。最有力はイベントへの参加で、かなり活発。facebookなどでは出会いがテーマのアプリもある | ミドル～スロー | 152人(12.7%) | 【手軽さ】☆☆☆<br>【コスト】☆☆☆<br>【結婚度】☆☆ |
| **4.スポーツチーム、アウトドアサークル**<br>明確なテーマがあるため、参加や会話のハードルは低い。まずは気軽に体験参加を。ジョギング、ゴルフ、テニス、フットサル、ダンス、フィットネス、マリンスポーツ、ボルダリング、デイキャンプ、バーベキュー、山登り、釣り、ドライブ、温泉めぐりなど | スロー | 124人(10.3%) | 【手軽さ】☆<br>【コスト】☆☆<br>【結婚度】☆☆☆ |
| **5.異業種・同業種交流会**<br>ネット上で多数の募集アリ。夜の食事絡みだけでなく、「朝会」「昼会」「週末会」、グルメや夜景などのテーマ性を持たせたものもある。仕事熱心な男性に加え、コミュニケーションを積極的に取れるタイプの男性が多い。名刺がなくても参加できるので、OLさんでもOK | ミドル～スロー | 81人(6.8%) | 【手軽さ】☆☆<br>【コスト】☆☆<br>【結婚度】☆☆ |

※「交際までの目安」は、出会ってから恋人同士になるまでの目安期間を表わします
ファストは1週間～1か月程度、ミドルは1か月～4か月程度、スローは4か月～1年程度
※40～50歳の独身女性1200人対象(毎月100人が回答)

| 出会いの種類 | 交際までの期間 | アンケート結果 | 目安 |
|---|---|---|---|
| **11.各種団体(個人、地域、公共など)**<br>個人主催、公共団体主催、NPO、ボランティアなど。テーマは、エコ、子ども、清掃、高齢者、地域活性、地域間交流、国際交流、技術指導、日本文化伝承、被災地サポート、動物愛護など多彩。継続参加が基本だけに、自分が興味関心のあるものを選びたい | スロー | 44人<br>(3.7%) | 【手軽さ】<br>☆<br>【コスト】<br>☆☆<br>【結婚度】<br>☆☆ |
| **12.同窓会、過去の人脈**<br>数年、数十年ぶりの友人にメールしたり、SNSを使って探すところからスタート。近況報告や思い出話から、少人数での誘いや同窓会などの提案につなげる。かつて恋人や妻がいた人も、状況が変わっているケースが多く、飲み会に発展しやすい | ミドル | 40人<br>(3.3%) | 【手軽さ】<br>☆☆<br>【コスト】<br>☆☆<br>【結婚度】<br>☆☆ |
| **13.婚活パーティー**<br>毎週、平日・土日の各都市で開催。テーマや参加男性の年齢・職業はさまざまで、参加者が選べる上に、身元保証の確かなものが増えている。単に出会いを求めるだけでなく、初対面男性との会話トレーニングとしても使える | ファスト | 29人<br>(2.4%) | 【手軽さ】<br>☆☆☆<br>【コスト】<br>☆☆<br>【結婚度】<br>☆ |
| **14.偶然、ハプニング**<br>自宅周辺(店員、散歩中の人、宅配スタッフ、ケーブルテレビスタッフ、図書館の常連、街頭の配布スタッフ)、隣席の人(飲食店、ライブ、テレビ観覧、街頭イベント、ボーリング場、電車内)、ハプニング(困っている人、助けを求めている人、ペットを通じて)など | ミドル<br>〜スロー | 18人<br>(1.5%) | 【手軽さ】<br>☆☆<br>【コスト】<br>☆☆☆<br>【結婚度】<br>☆ |
| **15.旅、ステイ**<br>日帰りツアーやガイドつきの旅行は、出会いのチャンス。一緒にさまざまな体験をすることで打ち解けられる。さらに近年、地方役場や農業・漁業組合が主催するイベントも活発で、日帰り婚活、ショートステイ体験など多彩 | ミドル<br>〜スロー | 16人<br>(1.3%) | 【手軽さ】<br>☆<br>【コスト】<br>☆☆<br>【結婚度】<br>☆☆ |
| **その他** | — | 28人<br>(2.3%) | |

| 出会いの種類 | 交際までの期間 | アンケート結果 | 目安 |
|---|---|---|---|
| **6.単発イベント、パーティー**<br>社会人サークルの食事会や花見など季節の催し、ビジネス系パーティー(新商品、新店舗、設立〇周年)、フリーマーケット、主役を祝う会(結婚式、婚約披露、歓迎会、誕生会、昇進祝)、クリエイターの展示会(芸術家、カメラマン、小物作家、デザイナー)など | ファスト〜スロー | 65人(5.4%) | 【手軽さ】☆☆☆<br>【コスト】☆☆<br>【結婚度】☆ |
| **7.オケイコ、スクール、セミナー**<br>共感度と一体感の高さが魅力。外国語(各国、英会話)、ビジネス(会話、マナー、文章、IT)、創作(陶芸、雑貨、絵画)、料理(各国、家庭、パン、菓子)、飲み物(ワイン、ビール、日本酒、焼酎、ウイスキー、珈琲、紅茶)、和(書道、伝統芸能、川柳、囲碁)、音楽(ボーカル、楽器、ジャズ)、エンタメ(マジック、風水、ギャンブル教室) | ファスト〜スロー | 61人(5.1%) | 【手軽さ】☆<br>【コスト】☆☆<br>【結婚度】☆☆ |
| **8.飲み会、合コン**<br>40代の合コンは、単に飲むのではなく、「ワインを楽しむ会」「築地で寿司を食べる会」「ビアガーデン解禁」などのように、食事・店・ムードにテーマを持たせたものが多い。ホームパーティー、誕生日会、花見、鍋など季節のイベントもカップル成立率が高い | ファスト | 57人(4.8%) | 【手軽さ】☆☆☆<br>【コスト】☆☆<br>【結婚度】☆ |
| **9.タウン、地元、地域活動**<br>居酒屋、バー、カフェ、美容院、ショップ、イベントや祭りのスタッフ、地域主体のサークル、役場主催の会。飲食店や商店街が主催する親睦会やバーベキューなどのイベントも積極的に参加したい。最大のポイントは、街の情報通と親しくなること | スロー | 52人(4.3%) | 【手軽さ】☆<br>【コスト】☆☆<br>【結婚度】☆☆☆ |
| **10.婚活サイト、結婚情報サービス、結婚相談所**<br>「Yahoo! お見合い」「エキサイト恋愛結婚」「ツインキュ」などの手軽系から、「オーネット」「サンマリエ」「ツヴァイ」「ノッツェ」「パートナーエージェント」などのしっかり系まで多彩。かゆいところに手が届く個人の結婚相談所や、結婚式場主催の相談所もある | ミドル | 46人(3.8%) | 【手軽さ】☆<br>【コスト】☆<br>【結婚度】☆☆☆ |

15パターンの出会い方を多い順に並べてみましたが、アンケート結果を見てどう思いましたか？　相談者さんにこの表を見せると、ほとんどの人が「こんなにたくさんの出会い方があったんだ」と驚きます。しかも、**どれかが飛び抜けて多いのではなく、さまざまな場で恋人を見つけている**のです。

10年ほど前までは「友人、仕事関係、合コン」だけで70〜80％を占めていましたが、最近では40％弱に過ぎません。これは、「既存の友人関係や、職場の人間関係が以前より薄くなっているため、そこに頼ってばかりでは恋人候補と出会えない」ということの表われ。その分、他の出会い方をする女性が増えているのです。

15パターンの出会い方を見て、「こういうところで本当に出会えるの？」と感じた人もいるでしょう。しかし、現実として恋人を見つけた同世代の女性がいるのは、紛れもない事実です。次項以降は、そんな幸せな女性たちのエピソードを交えながら書いていきます。

**出会いの場を探すときのポイント**

**・「出会いだけを目的にしたもの」でなく、テーマが他にもあるものを選ぶ**

- 男女比と年齢層を意識して探す
- ネット検索やSNSのコミュニティ、イベントをフル活用する
- 参加メンバーのプロフィールや、イベントの写真を参考材料に
- 日ごろからイベントや募集などの情報を集める。友人、知人からも入手する
- 「ここは自分に合わない」「それは出会いがない」と先入観で決めつけない
- 迷ったときは、「連絡してみる」「一度参加してみる」など、前向きな選択を

**あなたの想像以上に選択肢は多い**
**ひとつでも多くの場に行ってみよう**

幸せうさぎの声

「最近、彼（47歳）から聞いたのですが、最初は私を好きではなかったそうです。つき合いはじめたきっかけは、友人6人で参加した日帰りバスツアー。ブドウ狩り、アウトレット、産直バイキングなど、仲よくなれるネタばかりで、一気に距離が近づきました」（46歳）

# 〝期間別、同時進行〟で楽しもう

前項で挙げた出会いの場は、いずれも恋人づくりのチャンスがあるものばかりですから、活動していればじきに成果があがるでしょう。ただ、「少しでも早く相性のいい恋人をつくる」ためのポイントが2点あります。

ひとつめのポイントは、**毎月、最低2つ、できれば3～4つ程度の場に足を運び、同時進行させる**こと。たくさん行けばいいというものではありませんが、出会いの場がひとつでは、宝くじを買うような運頼みとなり、うまくいかなかったときのダメージが大きく、一気に寂しい日々へ転落してしまいます。

また、1か所集中では、「他に出会いもないから……」と男性を見る目が曇りやすく、適切な判断ができない危険性も。いつ、どこで、どんな順番で、最愛の人に出会えるかは、誰にもわからないだけに、絞り込みすぎないほうがいいでしょう。

たとえば、相談者の雅美さん（43歳）は、「毎週土曜午後にジョギングサークル、隔週木曜に初心者向けワインセミナー、土日の夜に異業種交流会やSNSのイベントに行っています」と4つの場に顔を出していました。ちなみに、「今の彼（39歳）は、地元の町がテーマのSNSイベントで知り合った」そうです。

また、雅美さんは、「いろいろな出会いの場に行ったおかげで、さまざまなタイプの男性と出会えました。少しは男を見る目がついたと思います」と笑顔で話してくれました。

2つめのポイントは、**出会い方の組み合わせ**。P85の表で挙げた「交際までの期間」を見てください。出会い方ごとにファスト、ミドル、スローの3種類が書かれていますが、これらは交際までの期間だけを示したものではありません。それぞれ場の雰囲気や、メンバーのタイプ、自分自身の参加スタンスなどが異なるため、**バランスよく組み合わせたほうが効率よく、長続きしやすい**のです。

たとえば、相談者の典子さん（45歳）は、社会人サークルのイベント（ファスト）、婚活情報サイト（ミドル）、動物愛護の団体（スロー）と、**交際までの期間が**

**スロー・ラブ 小ワザ**

恋活の心がけ7か条は「急いで結果を求めない」「恋愛以外の楽しみを持つ」「がんばりすぎない」「小さな進歩を喜ぶ」「相手を決めつけない」「好きなことにこだわらない」「あきらめてブランクを空けない」。気負うことなく、楽しみや成果を実感しながら、続けましょう。

【交際までの目安】

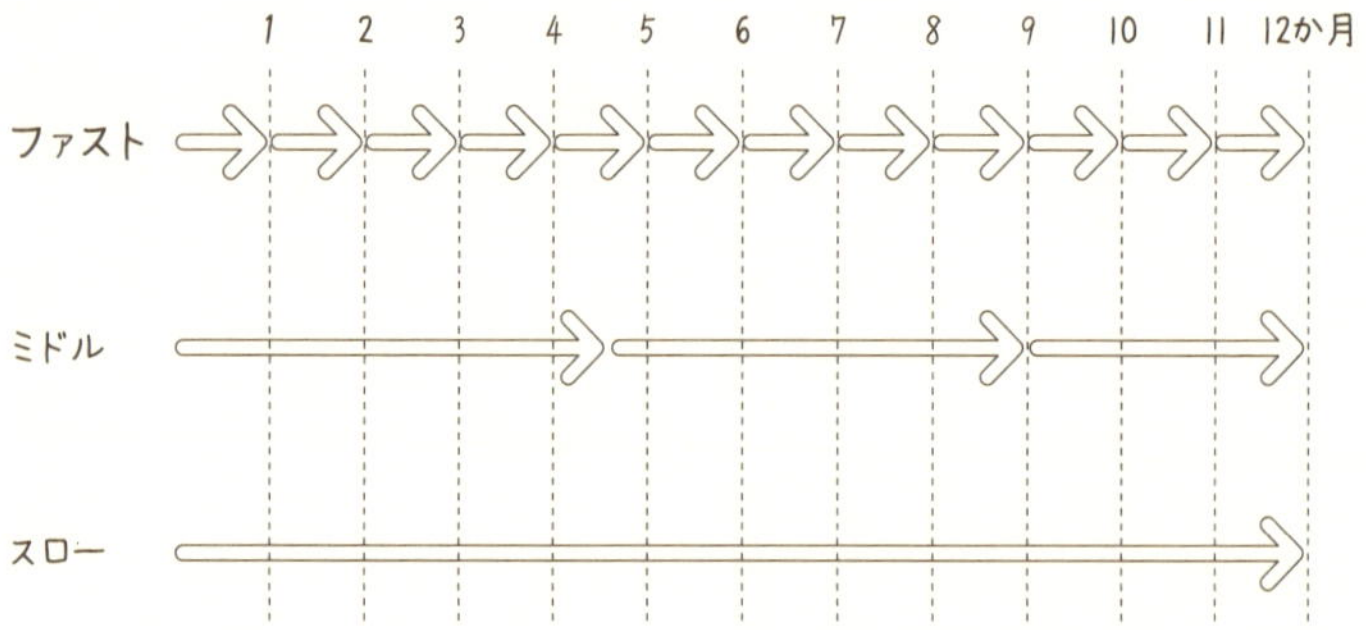


※3つのタイプを同時進行で行なうと効果的
※偏らないようにバランスよく行なう

**異なる3つの出会い方を組み合わせて、恋人作りに成功しました。**

一方、相談者の佳代子さん（41歳）は、友人の紹介（ファスト）、婚活パーティー（ファスト）、飲み会（ファスト）と、〝交際までの期間が同じ〟出会い方ばかりだったため、「うまくいかなくて、落ち込んで帰る日ばかりで、疲れてしまった……」とのこと。

佳代子さんのように〝つき合うか、つき合わないか、すぐに白黒をつけ合う〟ファストばかりだと「気に入ってもらえなかった」「自分をアピールできなかった」などと悲しい瞬間ばかりが増えてしまうもの。一方、〝すぐ恋愛関係に発展しにくい〟スローばかりだと「全然恋愛が進展しない」などと手応えがつかめず、焦りを抱きがちに。出会い方が偏っていると、恋人ができにくかったり、または、恋愛へのモチベーションが下がってしまいます。

Ｐａｒｔ3で書いたように、恋人のいない独身男性は想像以上に多いので、効率よく時間を使いましょう。バランスを考えつつ多くの場に足を運ぶことで、さまざまなタイプの男性と出会い、その中から最愛のパートナーを選べばいいのです。

## “交際までの期間”を意識して複数の出会いを同時進行させよう

**スロー・ラブ 小ワザ**

2人の仲がなかなか**進展しないときは、デートの雰囲気を変えたい。**夜の食事デートが多かったのであれば、昼のアクティブなデートに。静かな映画館が多かったのであれば、にぎやかな遊園地に。それまで気づかなかった魅力の発見や、思わぬ一体感を得られるかも。

## 出会いが次々に生まれる女性の秘密

### ——康子さん（43歳）の場合

ここでは、出会いづくりの上手な康子さん（43歳）のエピソードを紹介しながら、その秘けつを探っていきます。

「30代のころまでは結婚願望が強くて、すべての男性を『夫になれる人か？』という基準で見ていたけど、40代に入って考え方が変わりました。『どこで知り合ったとしても、男女の区別なく仲よくなろう』と思ったら恋愛がうまくいきはじめたんです」（康子さん）

**【ポイント1】**

**出会いの場を問わず、男女を問わず、親睦を深める。** 趣味や仕事関係の場だけでなく、飲み会でも婚活パーティーでも、「恋人候補でも友人候補でも、まずは仲よ

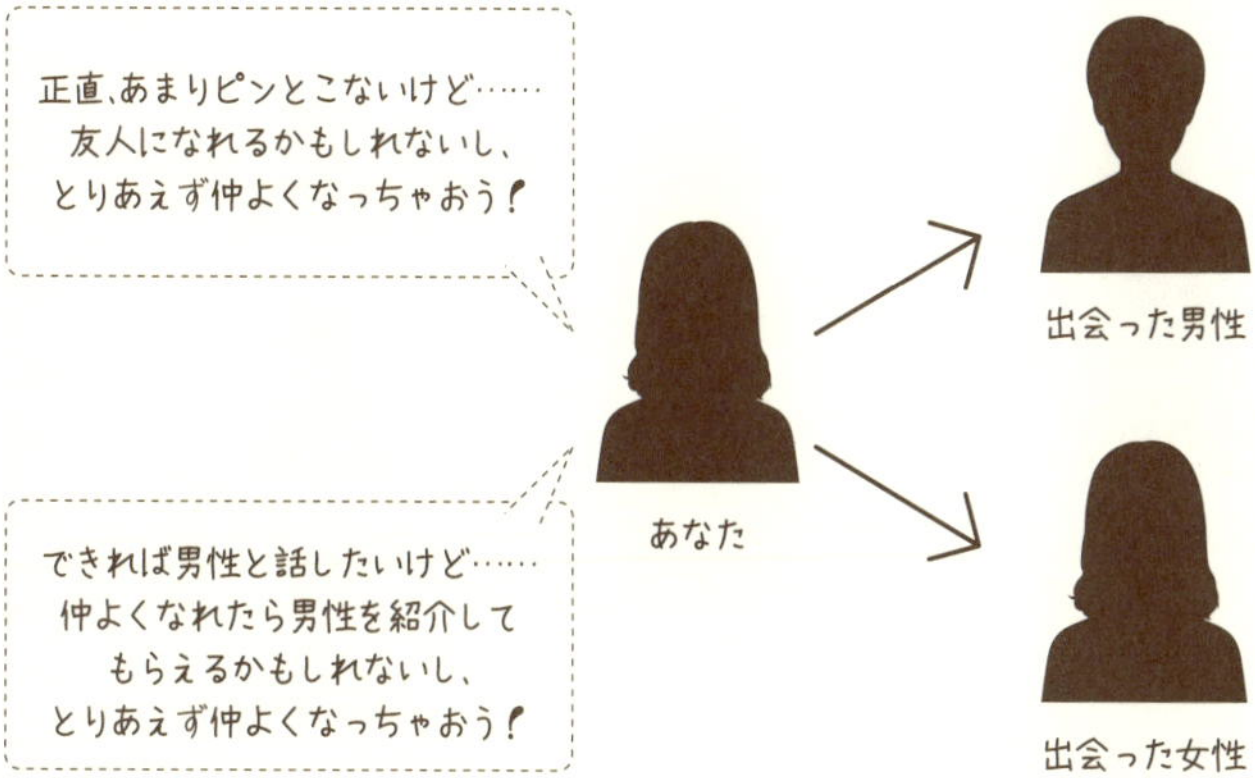
正直、あまりピンとこないけど……
友人になれるかもしれないし、
とりあえず仲よくなっちゃおう！
できれば男性と話したいけど……
仲よくなれたら男性を紹介して
もらえるかもしれないし、
とりあえず仲よくなっちゃおう！
あなた
出会った男性
出会った女性

くなろう」というスタンスで臨む。すると、恋愛対象が〝出会った人の友人や関係者〟にまで広がる。さらに、自分の味方が増えることで、心にゆとりが生まれやすい。

「『みんな仲よくなっちゃえ』と思っていますが、特に社交的というか、〝人づき合いが好きそう〟な人とは、積極的に仲よくするようにしています」（康子さん）

**【ポイント2】**

**人づき合いが好きだったり、世話好きな人と仲よくなると、恋人候補との出会いが増える。**「いい人がいたら紹介する

**幸せうさぎの声**

「恋人を探すために、社会人サークルに入ったり、ワインスクールに通ったり、いろいろな場所に顔を出していましたが、けっきょく彼（47歳）と知り合ったのは仕事関係。でも、今は彼より、恋人探し中に知り合った友人たちと遊ぶことの方が多いかも（笑）」（45歳）

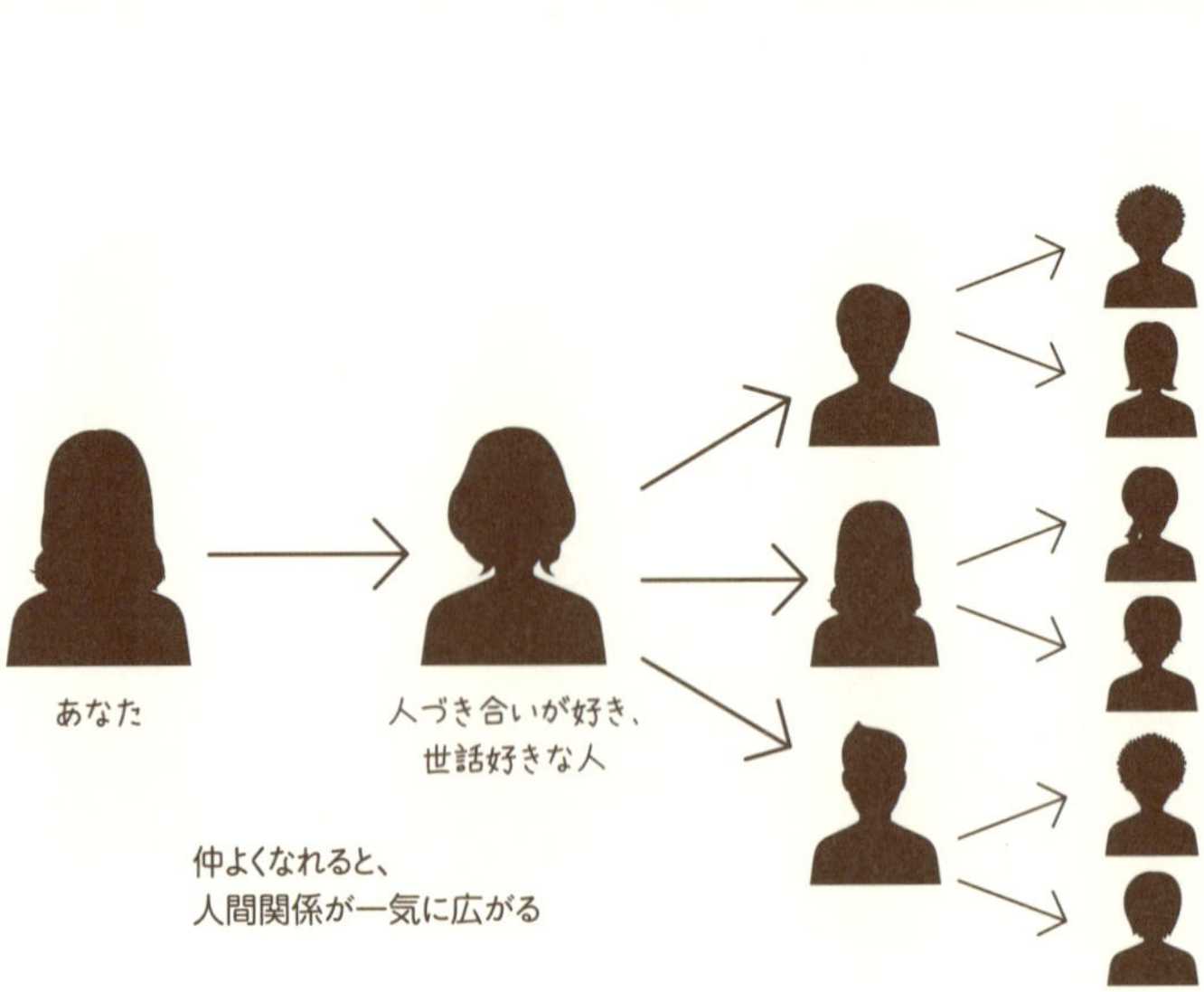


ね」「最近、同僚が彼女と別れたんだけど、どうかな?」「今度みんなでバーベキューやるから来ない?」などと誘ってもらいやすい。幹事役、笑顔の多い人、自分から話しかけられる人、SNSで友人への書き込みが多い人がおすすめ。

「いろいろな出会いの場へ行くようになって、それぞれで友人ができました。話してみると、『あの人とあの人は趣味が同じ』『あの2人は同じ沿線に住んでる』『彼もあれが食べたいって言ってたな』などと、友人同士で共通点があることに気づいたんですよ。『じゃあ、会わせてみようかな』と思って食事の機会をつくったり、遊びに行ったり。そういう

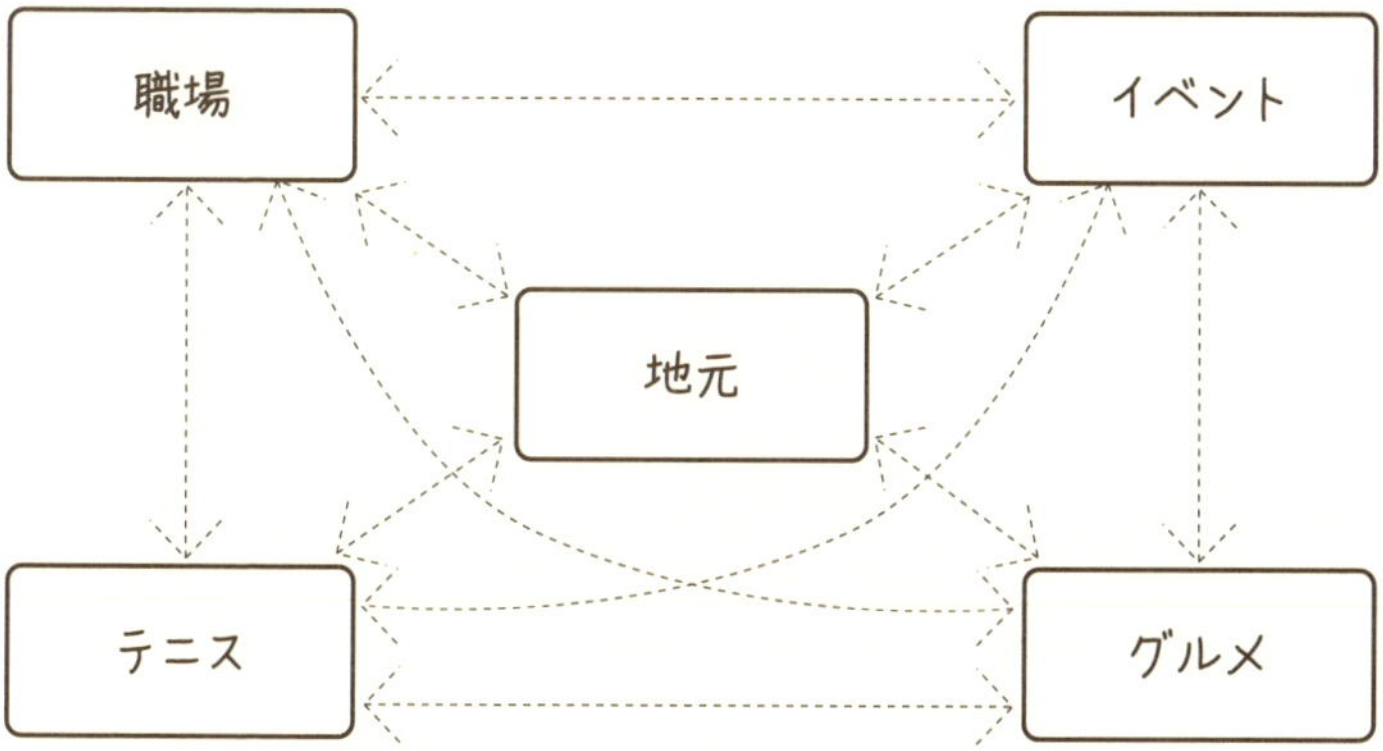


・友人同士をつなげることで印象アップ。仲が深まり、出会いにもつながる
・複数の友人と同時に会えると、休日の時間を効率的に使える

ことを繰り返していたら、新たな男性との出会いも増えたんです」（康子さん）

【ポイント3】

**別々の場で知り合った友人たちを会わせて、人間関係を活性化させる。**パイプ役になることで女性としての株が上がり、「彼女のために」と男性を紹介される機会も増加。恋人候補の男性と会うときも、1対1ではなくグループにすればいいので気軽に声をかけられ、何度も顔を合わせやすく、理解を深められる。

「新しい友人が増えると、花見とか祭りとか鍋とか、季節のイベントをしたくなるんですよ。それ以外でも、ときどき自

**幸せうさぎの声**

「彼（45歳）との出会いは友人の紹介でしたが、最初は飲みに行ってもバカ話ばかりで全然いいムードにならなくて。思い切って過去の恋愛について聞いてみたら、彼は真剣な顔で話し出して、1週間後に告白されました。彼も恋愛の話がしたかったようです」（44歳）

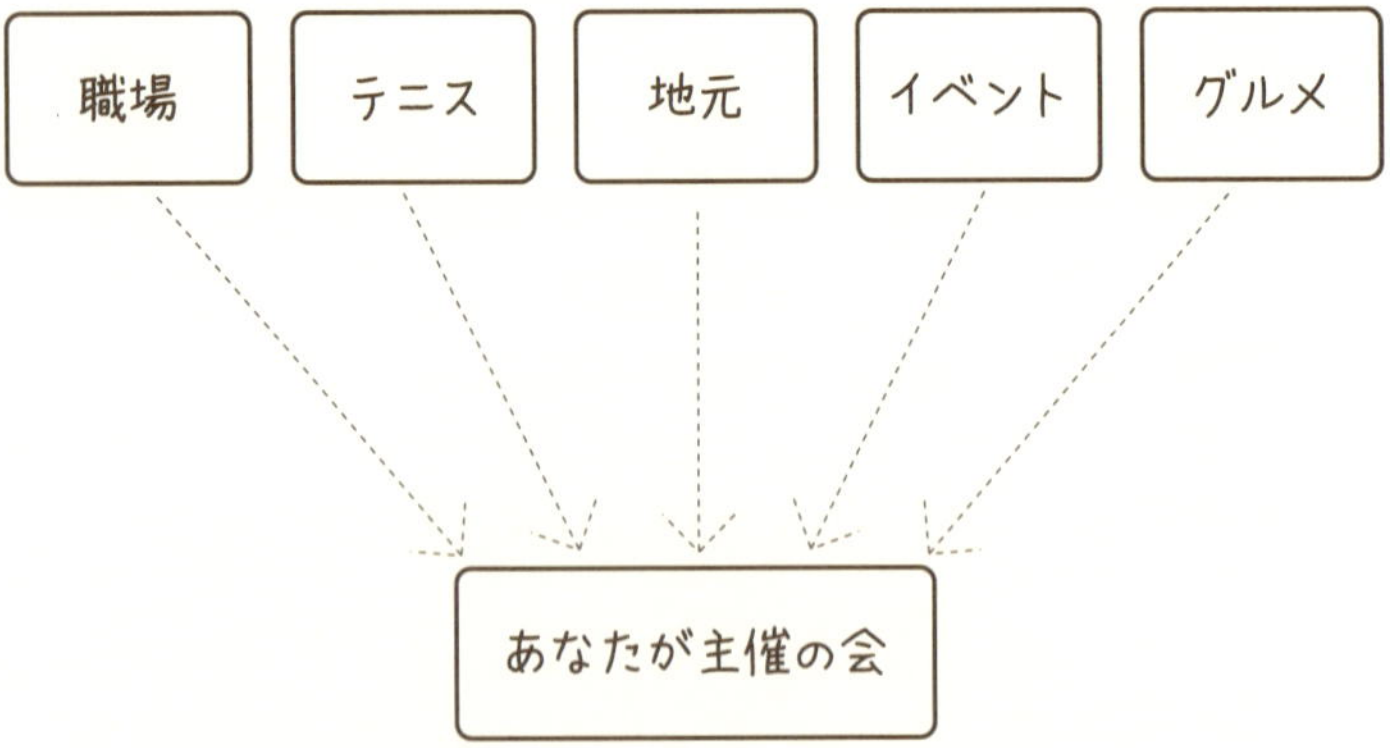


・「焼酎を飲む会」「日帰り温泉の会」などテーマを決めると参加しやすい
・手間がかかる作業などがある場合は、気軽に協力を依頼すればいい

分が幹事になって誕生日会やホームパーティをやるのですが、友人たちも大人なので協力的だし、あまり大変じゃないんです」（康子さん）

**【ポイント4】**

**自分が主催する会に、友人や恋人候補たちを集めて親睦をはかる。**事前連絡から、当日の手伝い、お金の受け渡し、お礼を言われるなど、やり取りの機会が多い幹事は、会話のチャンスが多く、親近感を抱かれやすい。恋愛への発展や、男性の紹介もスムーズに。

「以前は、『仲よくなっても意味がない』『上から目線でアドバイスされるのが嫌』

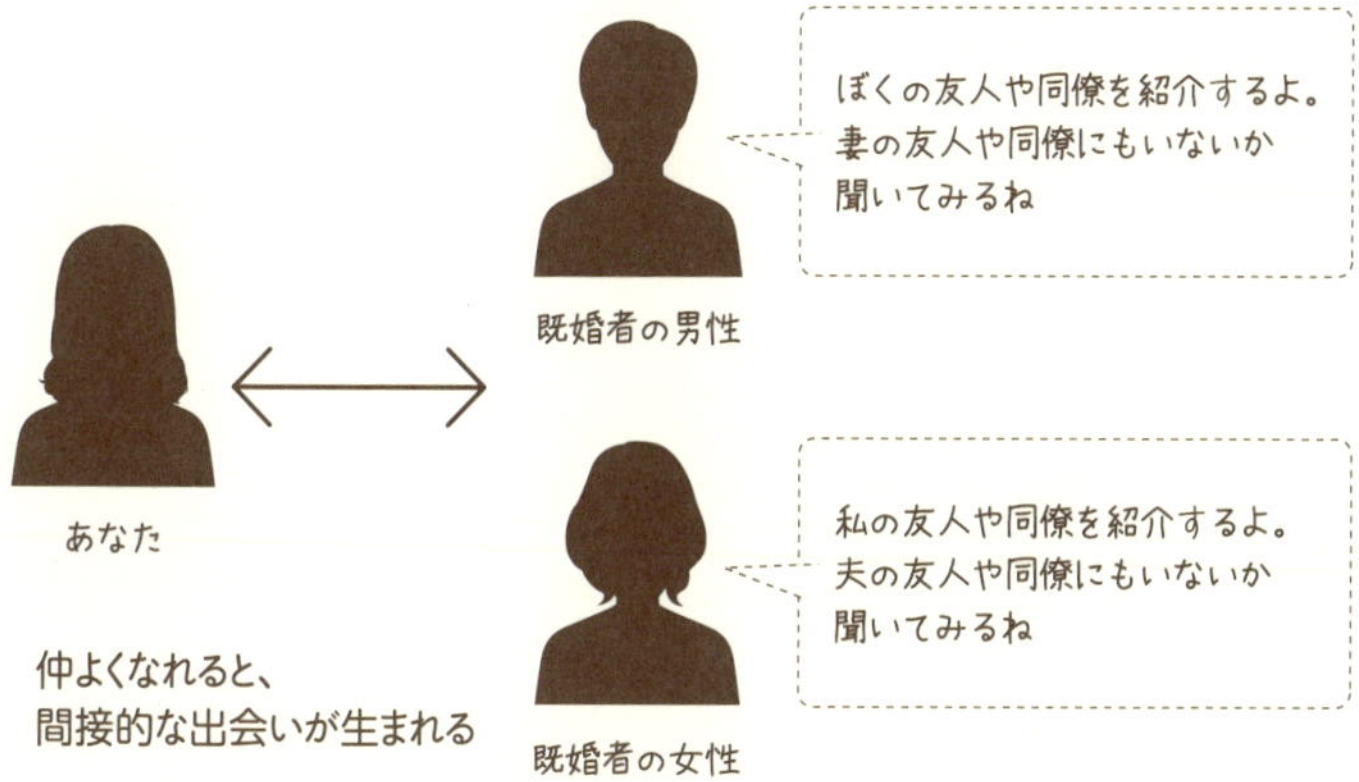
ぼくの友人や同僚を紹介するよ。
妻の友人や同僚にもいないか
聞いてみるね
既婚者の男性
あなた
私の友人や同僚を紹介するよ。
夫の友人や同僚にもいないか
聞いてみるね
仲よくなれると、
間接的な出会いが生まれる
既婚者の女性

で、男女を問わず既婚者を避けがちでしたが、今は逆。どんどん友人になって、ダンナさんや奥さんの友人や同僚と会わせてもらっています」（康子さん）

**【ポイント5】**

**実は既婚者こそ、男性を紹介してくれる大きなコネクション。**特に既婚女性は、恋愛話が好きで、「自分がもう恋愛できない分、友人の話でその感覚を楽しみたい」「早く幸せになってもらって4人で会いたい」などと思っているもの。変なプライドを持たず、素直に頼ることで、自分や配偶者の交友関係から紹介を受けられる。

**幸せうさぎの声**

「行きつけの美容師さんから紹介された彼（45歳）は、年上なのに甘えん坊。最初は気乗りしなかったのですが、つき合ってみたらちょうどよかった。少しホメただけで、家事もやるようになったし、お酒の量も減ったし、若い男性より素直だと思いますね」（41歳）

康子さんは、これら5つの考え方と行動で、コンスタントに出会いのチャンスが訪れ、いつ恋がはじまってもおかしくない〝現在進行形のネットワーク〟を築いていきました。いずれも心がけ次第のことであるだけに、みなさんもぜひ実践してほしいと思います。

## 男女を問わず積極的に友人をつくり<br>パイプ役を探し、パイプ役になる

# 「出会いを確保する」上手な時間の使い方

仕事が忙しい。大事な趣味もある。家事もやらなきゃいけない。

だから、出会いにそれほど時間をかけられない。

そんな声をよく聞きますが、よほど忙しい人でない限り大丈夫。多くの人がプライベートの時間をコントロールできていないだけで、出会いの時間は十分確保できます。

私が相談者さんと話していてよく感じるのは、**「無意識の時間」「1組の友人と過ごす時間」「ひとりで楽しむ時間」の3つが長すぎる**ということ。特に「忙しい」「時間がない」という人は、以下を読んで考えてみてください。

「無意識の時間」とは、たとえば、休日に昼まで寝たり、ぼんやりテレビを見たり、何となく外を出歩く時間のこと。これらが増えるほど、限られたプライベートの時間を浪費するだけです。せっかくの休日に、「目的や意図のないことはしない」「最長1時間まで」などの姿勢を心がけましょう。

「1組の友人と過ごす時間」とは、ある友人と1日ずっと一緒にいたり、何店か居酒屋をハシゴしたり、頻繁に女子会をする時間のこと。恋人候補と会う時間が削れるのはもちろん、特定の友人への依存は、恋愛からの現実逃避につながるのでほどほどにしましょう。また、ダラダラと長い時間を過ごしてお互いにテンションを下げるよりも、「3時間で切り上げて、別の友人や恋人候補と会う」と切り替えたほうが、よい友人関係を続けやすいものです。

「ひとりで楽しむ時間」は、読書、ネットサーフィン、ゲーム、単独での散歩やショッピングなどをして過ごす時間のこと。もしそれが大切な趣味だとしても、時間制限を設けたり、出会いにつながりにくい朝と深夜に限定するなど、コントロールしましょう。**本当に恋人が欲しいときは、とにかくひとりの時間を減らすべき**なのです。

それでも「時間がない」という意識をぬぐえない人は、**プライベートの時間を3分割して考える**ことをおすすめします。たとえば、休日の睡眠時間が7時間としたら、残り17時間は自由に使えるわけです。その17時間を、午前〜昼、午後〜夕方、夜、の3つに分けて有効活用しましょう。

そもそも出会いの場は、午前、午後、夕方、夜など、それぞれの時間帯で開催・活動しているので、うまくやりくりすれば1日に3か所以上参加することも可能。**時間帯ごとにさまざまな場所に行くことで、タイプの異なる男性と出会うことができます。** また、「出会いの時間帯が違う」ということは、「いざ2人きりで会うことになったとき、別の恋人候補と時間がバッティングしにくい」というメリットもあります。

最大1日に3か所で出会いを探せますが、**まずは1か所でも2か所でもOK。** 趣味や家事などと両立させながら、自分のペースで進めればいいのです。次のようなグラフを書くことで「無意識の時間」「1組の友人と過ごす時間」「ひとりで楽しむ時間」を確実に減らし、出会いにかける時間を確保しましょう。

スロー・ラブ 小ワザ

**多くの男性からモテたい**のなら、「実年齢より若く見えるように外見を磨きつつ、着飾りすぎない」こと。「自分の魅力が伝わりやすい、キャラが受け入れやすい場に行く」こと。「1人を選ばず、多く男性と話す」こと。この3点で声をかけられる機会が飛躍的に増えます。

【休日の考え方①24時間の配分】

あらかじめ時間配分を決めて、出会いの時間を確保

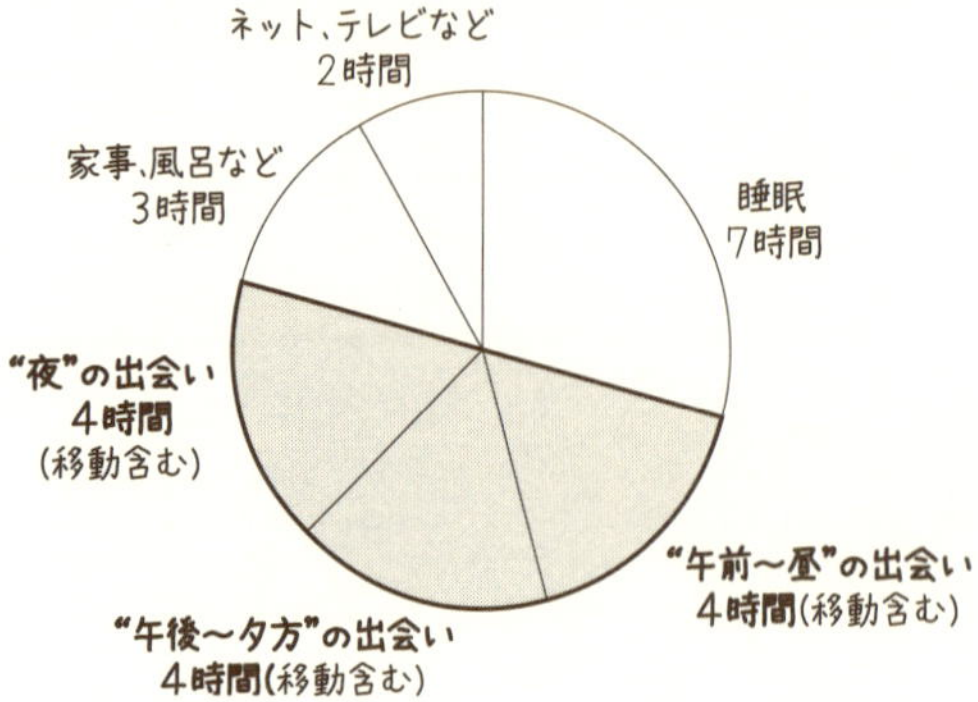


【休日の考え方②タイムスケジュール】

1日のスケジュールを意識して、時間帯別で出会いの時間を確保

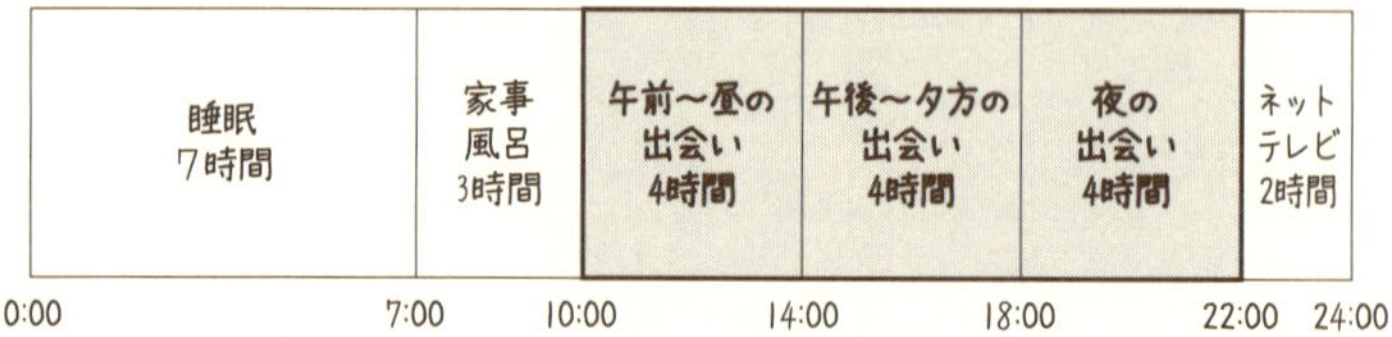

あなたも仕事や旅行などで、このように時間配分を決めたり、タイムスケジュールを組んだ経験があるでしょう。時間をコントロールできると、仕事の生産性が上がり、旅行の楽しい思い出が増えるように、恋愛でも確実に成果が上がります。

グラフでは休日を例に挙げましたが、仕事のある日も同じ考え方でOK。頭の中で漠然と「忙しいから」「時間がないから」と思っているだけでは何もはじまりません。**出会いの時間は自分の意識ひとつでつくり出せる**という事実から目を背けないようにしましょう。

## プライベートを3分割し それぞれの時間帯で出会いを探そう

**スロー・ラブ 小ワザ**

好意を寄せる男性に**距離を置かれたら、追いかけないのが鉄則**。メールをせず、グループでも顔を合わせず、自ら距離を置きましょう。その間、距離を置かれた理由を考え、それが見た目や話し方なら磨き、彼に好きな人がいるのなら飽きるまで待つ姿勢が必要です。

# 40代が出会える場と、出会えない場の境界線とは？

せっかく時間を確保して出会いの場に行っても、そこが「恋愛につながる可能性が低い」のでは意味がありません。合コンや婚活パーティーなど、明らかに恋愛・結婚がテーマの場以外は常にその疑いがあるため、しっかり選ぶべきなのです。

では、恋愛につながる可能性が高いのは、どんな場なのでしょうか？　以下、8つのポイントを挙げていきます。

**①「男女の人数がほぼ同等、または、男性のほうが多い」場**

恋愛対象の人数が多いのはもちろん、声のかけやすさも理由のひとつ。女性のほうが多い場だと、同性から嫌われるのを恐れて様子を見合ったり、遠慮し合うなど、恋愛が動きにくい。圧倒的に男性が多い場もＯＫ。

**②「メンバーの中に同年代の男女がいる」場**

中心でなくてもいいが、同年代がいない場では気をつかわれて会話がはずみにくい。また、年下好きなら年下の多いアクティブな場を、年上好きなら年上の多い落ち着いた場を選びたい。

**③「リーダー、幹事、中心人物が、マイナス5歳～同年代以上」の場**

リーダーの人間性が豊かな場は、メンバー同士の友情が厚く、恋愛や友人の紹介が盛ん。近い年代であれば、より会話が弾み、男性への橋渡しなどのフォローも期待できる。若い年代のリーダーはそこまで気がまわらない。

**④「常に新メンバーを募集している。または、立ち上げて1年未満」の場**

常にメンバー募集をしている場は、単独参加の人が多く、新メンバーに声をかける習慣があるなど、溶け込みやすく、恋愛のチャンスも多い。なじめずにやめる人にも寛容なので、合わないと感じたら気にせず、他の出会いを探せばいい。

**スロー・ラブ 小ワザ**

相手の男性がどれだけ草食系だったとしても、あなたが**強引にリードしないほうがベター。**笑顔でデートにつながる話題を振ったり、軽く甘えてみたり、頼ってみたり。そのほうが男性のプライドを守りつつ、女性らしさを感じさせて、好印象を与えられます。

**⑤「明確かつ継続したテーマのある」場**

飲食、スポーツ、ビジネス、カルチャー、スキルアップなどの継続したテーマがあれば、会話も誘いもスムーズ。テーマが照れや警戒心をやわらげ、親近感や一体感が高まるなど、恋愛感情を育みやすい。

**⑥「名簿や名刺交換、参加基準などがあり、身元がハッキリとしている」場**

人間性、キャリア、ライフスタイルなどを尊重し合える場であり、年齢の上下はさほど気にされないケースが多い。必須ではないが、安心して参加できる。

**⑦「SNSでのつながりがある」場**

SNSなどでメンバー同士の交流がある、または出欠を取っている場は、プライベートを知り合うことができ、距離が縮まりやすい。人間関係の構築に前向きで、サービス精神豊かな人が多いとも言える。

**⑧「食事会や季節のイベントなどがある」場**

どんな出会いの場でも、メインのテーマ以外で会話する機会がなければ、親睦は深まりにくいもの。お茶やお酒の席、お花見や暑気払いなどの気楽な時間がお互いへの理解を深め、恋愛につながる。

前述したように、40代女性の恋人づくりでは、「何としても恋人をつくらなきゃ」という焦りは禁物。「友人をつくりながら、趣味を楽しみながら、スキルアップしながら、恋人を探そう」という気持ちで臨んだほうがいいでしょう。

しかし、友人、趣味、スキルアップの優先度が高すぎる場では、なかなか恋愛に発展しにくいもの。**何度か参加してみて、「ここは恋愛への発展がほとんど望めないな」と思ったら、スパッと切り替えて別の場に行く**という潔さも必要です。

## メンバーや活動内容を見極めて出会いの可能性が高い場を探そう

**スロー・ラブ 小ワザ**

男性の誠実さをはかるには、**身近な人への愛情を確かめる**のが得策。たとえば、家族や親友の「どこをどれだけどういう風に好きなのか」を聞いて、彼の表情や言葉に注目しましょう。単に「優しい」ではなく、「ここがこう優しい」と具体的に言える男性がベターです。

## “未経験、避けてきた場所こそ幸せの宝箱”

男女を問わず年齢を重ねるにつれて、自分の好きなものが明確になり、よりそれらを優先させて楽しむようになります。あなたにも長年続けてきた趣味や、食べ続けてきた料理などがあるでしょう。

しかし、恋人を探す40代女性にとって、それらを優先させてきた結果が今。つまり、恋人がいない、あるいは、幸せな恋愛をしていない状態です。考え方を変えなければ同じ日々を繰り返すだけで、「近いうちに恋人ができる」可能性は低いでしょう。

そこで必要なのは、発想の転換。**今まで行ったことのない場所、あまり興味のなかった場所**に行く。あるいは、**何となく避けてきたもの、苦手だと思っているもの**などにトライしてほしいのです。それらの場所には、今まで出会わなかったタイプの男性がいるかもしれませんし、あなた自身の魅力が伝わりやすいかもしれませんし、思わぬスキルが磨かれるかもしれません。

また、新たなものをはじめたときのフレッシュさやドキドキ感が、あなたを魅力的に見せてくれるでしょう。さらに、今まで出会わなかったタイプの男性と話すことで、「本当に相性がいいのはどんな男性なのか?」を考えるきっかけになるなど、メリットは目白押しです。

新たにはじめるものは、カルチャー、スポーツ、スクール、セミナー、異業種交流会など、どんなジャンルでもＯＫ。**今までやってきたものや好きなものから、発想と行動パターンを変えられた分だけ、あなたの視野と行動範囲が広がり、これまでとひと味ちがう恋人候補と出会えるのです。**

最近の10~20代女性を見て、「好きなことばかりやっているな」「自由すぎるんじゃないの?」などと感じた経験はないでしょうか? 実際、彼女たちは、パソコンやスマートフォンで「好きなものだけを見て、行きたいところにだけ行き、会いたい人にだけ会う」、そして「苦手なことや嫌いなものには見向きもしない」という傾向があります。

スロー・ラブ 小ワザ

大人の女性なら**つき合う前に彼の家に行く**のもアリ。家具や日用品を大事に使っているか、新しいものが多くないかなどをチェックすれば、愛情深さや金づかいなどがわかります。気負わず「ランチつくってあげる」などと訪問時間を昼にすればハードルは高くないはず。

【発想と行動パターンのベクトルを180度変えると、チャンスが生まれやすい】

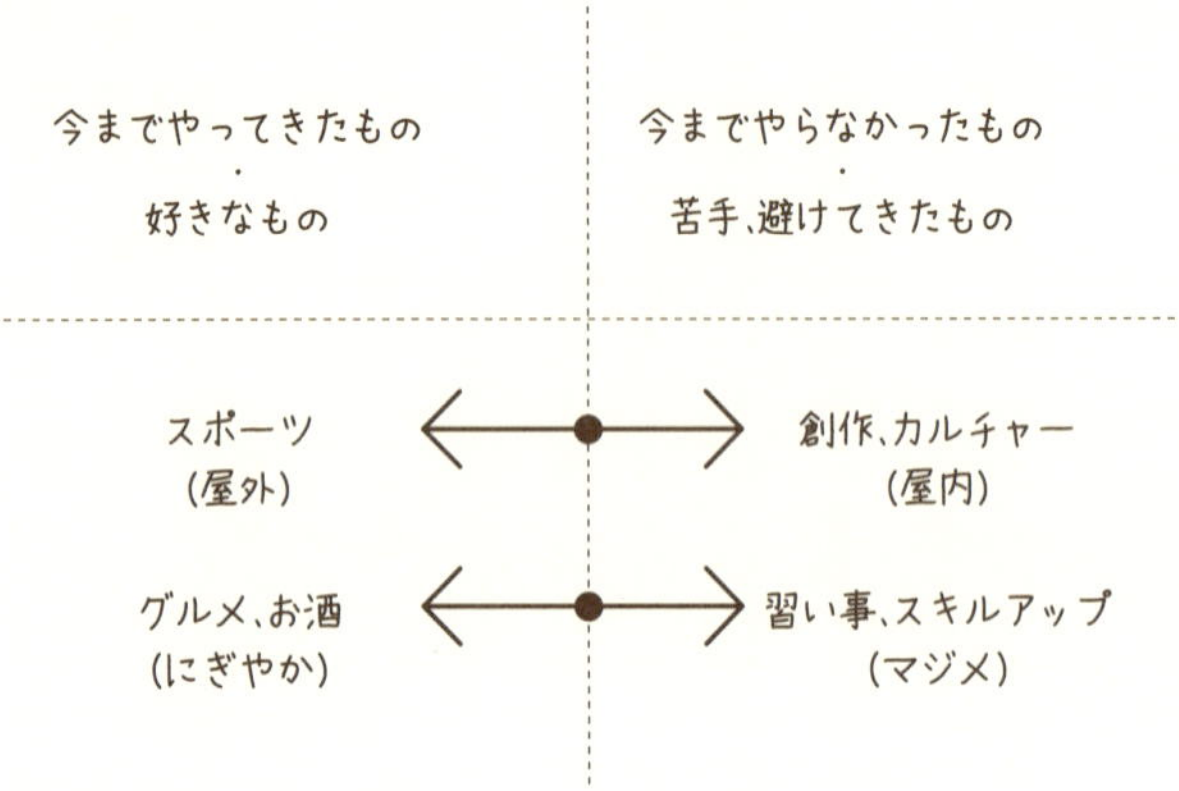

| 今までやってきたもの・好きなもの | 今までやらなかったもの・苦手、避けてきたもの |
| --- | --- |
| スポーツ（屋外） ←→ | 創作、カルチャー（屋内） |
| グルメ、お酒（にぎやか） ←→ | 習い事、スキルアップ（マジメ） |

【スポーツという1ジャンルだけを見ても、以下のようにベクトルを変えられる】

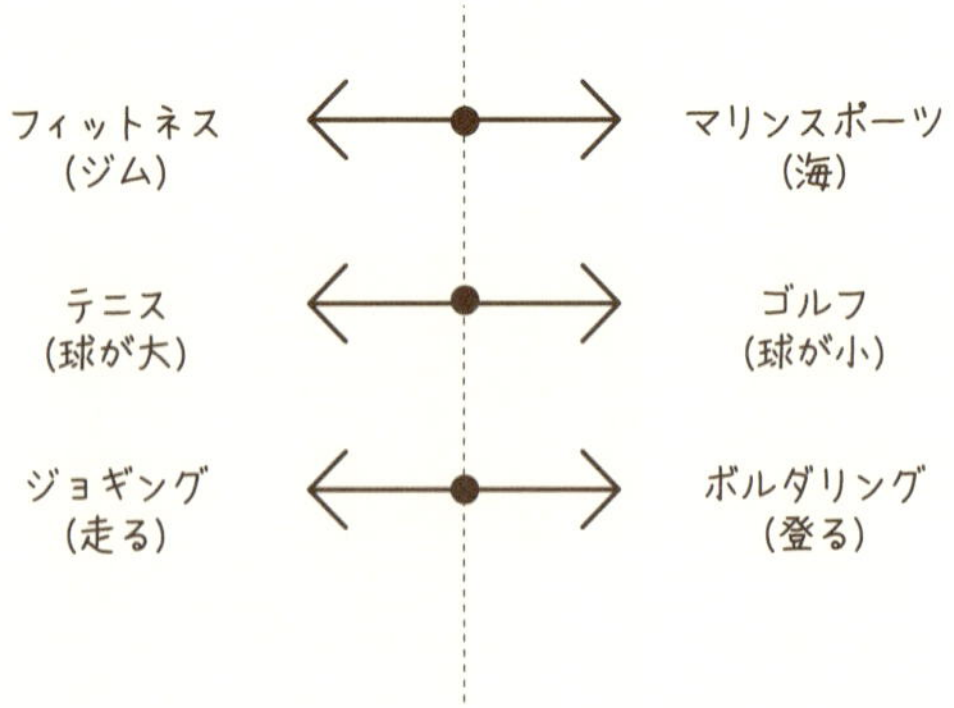

| | |
| --- | --- |
| フィットネス（ジム） ←→ | マリンスポーツ（海） |
| テニス（球が大） ←→ | ゴルフ（球が小） |
| ジョギング（走る） ←→ | ボルダリング（登る） |

それでいて、「出会いがない」「いい男がいない」とボヤき、「中途半端な恋人ならいらない」「それなら女子会を楽しむ」というスタンスを取る人も多いのですが、ここで意識を変えられなければ、あなたも彼女たちと同じなのです。

どんなサークルやイベントに参加し、趣味や習い事をはじめるとしても、知らない人ばかりの場に行くのは誰でも不安ですし、慣れていない分、最初はうまくいかないでしょう。しかし、**うまくいかないからこそ、頼り頼られる、教え教えられるなどのコミュニケーション機会は多く、成果を得られたときの一体感は大きくなるもの。そんな人間くさいやり取りの中で、恋愛がはじまっていく**のです。

40年以上生きてきたと言っても、世の中にはまだまだ〝未知の魅力的なものや発見〟があふれています。どうしても合わなければすぐにやめてもいいので、先入観を捨て、あまり深く考えずに、はじめてみてはいかがでしょうか。

## 発想と行動パターンを一変させて まだ見ぬ世界に踏み出そう

スロー・ラブ 小ワザ

大人の女性が**最も避けたいのは、恋愛への依存。**四六時中、恋愛のことばかり考えているようでは、片想いの相手や恋人に窮屈さを感じさせるだけ。穏やかな関係を長続きさせるには、2つ以上の趣味や人間関係を持つなど、恋愛以外の世界が不可欠なのです。

## あなた自身がモテる場を見極めよう

これまで、出会いの機会を増やすことと、出会いの質を多様化させることの大切さを書いてきました。さまざまな雰囲気の場に行きはじめると、少しずつ**自分の長所が伝わりやすい場**や**価値観が合う男性の多い場**がわかるようになってきます。それらは、いわば**あなたがモテる場**なのです。

相談者の美里さん（41歳）は、「毎週、ＳＮＳや社会人交流会などのイベントに参加して自分なりにがんばってきたのに、恋人ができません。あきらめたくないけど、もう疲れてしまって……」という悩みを抱えていました。

美里さんに恋人ができない理由のひとつは「努力の方向性をまちがえていた」こと。彼女は、単発のイベントでモテやすい「華やかで聞き上手なタイプではなかった」のです。

もしかしたら、あなたも美里さんのように、今まで行っていた出会いの場が向いていなかっただけなのかもしれません。今一度考えてみてください。**ここに行くとよく声をかけられる。なぜかチヤホヤされる**という場はなかったでしょうか。あるいは、**こういうタイプや職種の男性にモテる**という経験はなかったでしょうか。どんな女性にもモテる場所は必ずあるので、それを見極めてほしいのです。

モテる場を見極めるときに考慮したいのは、**自分のキャラクター**。見た目、性格、話し方、雰囲気など、まわりの人から見たあなたの〝キャラ〟があるものです。

たとえば、初対面時に重要な見た目だけでも、シックな服装の大人びたキャラ、白いワンピースの清楚キャラ、ロングストレートヘアのおしとやかなキャラ、スーツ姿が似合うキャリアウーマンキャラなど、それぞれ男性に与える印象は大きく異なります。「男性から見たら、私はどんなキャラなのか？」を考えてみましょう。

**そのキャラを踏まえた上で、自分がモテそうな場、少なくとも、声はかけられそうな場を逆算して選ぶ**のです。

**スロー・ラブ 小ワザ**

男性が本命の女性や妻に求めるのは、**"癒し、聡明さ、芯の強さ、コミュニケーション力"**。逆に、気軽なつき合いの女性には、"かわいさ、色気、若さ、かよわさ"を求めるので、これらを混同しないことが大切。前者には頼りたいし、後者には頼られたいと思っています。

たとえば、ビール好きの男性は、たくさんお酒が置いてある店に入っても、メニューを見ずにビールを注文するでしょう。一方、日本酒好きの男性も「とりあえずビール」を注文したとしても、すぐ日本酒に切り替えてじっくり味わいます。

女性の好みもこれと同じで、癒し系の女性が好きな男性は、活発な女性をあえて選ぼうとはしませんし、活発な女性がその男性にアプローチしても、なかなかうまくいきません。また、「彼に好かれよう」と思って癒し系のキャラに変わろうとしても、なかなか思うようにはいかず、つき合いはじめてもすぐに別れてしまうでしょう。

もし現在、好意を寄せている男性がいるのであれば、好みのタイプになろうとするのもアリですが、そうでなければ、自分のキャラを見極め、そのキャラが好きな男性の集まる場に行くのが得策。あなたを選んでくれる男性の中から、好きな男性を選べばいいのです。

また、どこで出会ったとしても、「この人、私のようなキャラが好きかも」と感じたら、前向きにコミュニケーションを取ってみてはいかがでしょうか。

以下に、キャラ別で主なモテやすい場を挙げてみました。さて、あなたのキャラは、どんな場でモテるのでしょうか。

・**清楚なキャラ／おしとやかなキャラ**
↓友人の紹介。飲み会、合コン。単発イベント。婚活サイト。婚活パーティー
・**素直なキャラ／癒しキャラ**
↓職場、取引先。単発イベント。タウン、地元。各種団体
・**マメなキャラ／メール上手なキャラ**
↓SNS。婚活サイト。オケイコ、スクール、セミナー。過去の人脈。中・遠距離
・**尽くしキャラ／マジメなキャラ／礼儀正しいキャラ**
↓各種団体。異業種・同業種交流会。タウン、地元。中・遠距離
・**愛きょう豊かなキャラ／ノリのいいキャラ／個性豊かなキャラ**
↓SNS。社会人交流会、単発イベント。過去の人脈。偶然、ハプニング
・**聞き上手なキャラ／サービス精神のあるキャラ**
↓飲み会、合コン。SNS。婚活サイト。婚活パーティー。各種団体

スロー・ラブ 小ワザ

**あなたから告白したいのなら**玉砕覚悟ではなく、**じっくり距離を縮めてから**がベター。前向きなムードが伝わるように、できるだけメンタルや体調のいいときを選びましょう。「とにかくつき合って」という安売りや、「好きでなくてもいいから」と媚びる告白は禁物です。

・ハキハキ元気なキャラ／明るいキャラ
↓スポーツ・アウトドアサークル。単発イベント。異業種・同業種交流会

・キャリアウーマンキャラ／サバサバしたキャラ
↓職場、取引先。オケイコ、スクール、セミナー、異業種・同業種交流会

・アクティブなキャラ／行動力のあるキャラ
↓スポーツ・アウトドアサークル。タウン、地元。単発イベント

・母性の強いキャラ／忍耐強いキャラ
↓職場、取引先。スポーツ・アウトドアサークル。各種団体。中・遠距離

## 自分のキャラを見極めて 声をかけられる場、モテる場に行こう

# “求める男性のいる場”へ行こう

前項で書いた「自分がモテる場を見極める」のはひとつの方法ですが、逆に自分から**求める男性のいる場に行く**のも効率のいい方法。言い換えれば、前者が「多くの恋人候補と出会う方法」であるのに対して、後者は**「ピンポイントで自分が求める恋人を探す方法」**です。

もしあなたが、「相性のいい男性になかなか出会えない」「いまいちピンとこない人ばかり」と感じているのであれば、もう少し踏み込んで考えることが大事。「本当に相性のいい男性はどんな人か？」「なぜピンとこないのか？」、さらには、「どんなつき合い方をしたいのか？」「過去の経験や教訓を踏まえて相手を選ぶべきなのか？」「近い将来の結婚を視野に入れるか？」などを踏まえて、求める男性像を考え直してみましょう。

たとえば、情の深い男性、仕事熱心な男性、女性の仕事に理解がある男性、食への興味が強い男性、スポーツ好きの男性、口数の少ない穏やかな男性、家族を大切にする男性など、求めるタイプはどんな男性でも問題ありません。

**求める男性像を考えるときのポイントは、「優しい男性」「誠実な男性」などとアバウトなものにしないこと。どの場にもいそうな男性像を思い浮かべても意味がありません。**「どんなとき、誰に、どう優しい男性か?」「どんな場面で、どんな言動をしてくれる誠実な男性か?」まで突き詰めて具体的に考えることで、「それなら、ここに行けば会えそう」と狙いが定まりやすくなります。

また、見た目や年収などの条件にとらわれすぎないことも大切。人生経験の豊富な大人の女性を幸せにしてくれるのは、そんな表面的で物質的なものではないはずです。あいまいな理想像を追うのではなく、2人で幸せに過ごすリアルな姿を思い浮かべましょう。

求める男性像が思い浮かんだら、次はその男性がたくさんいそうな場を考えてみましょう。

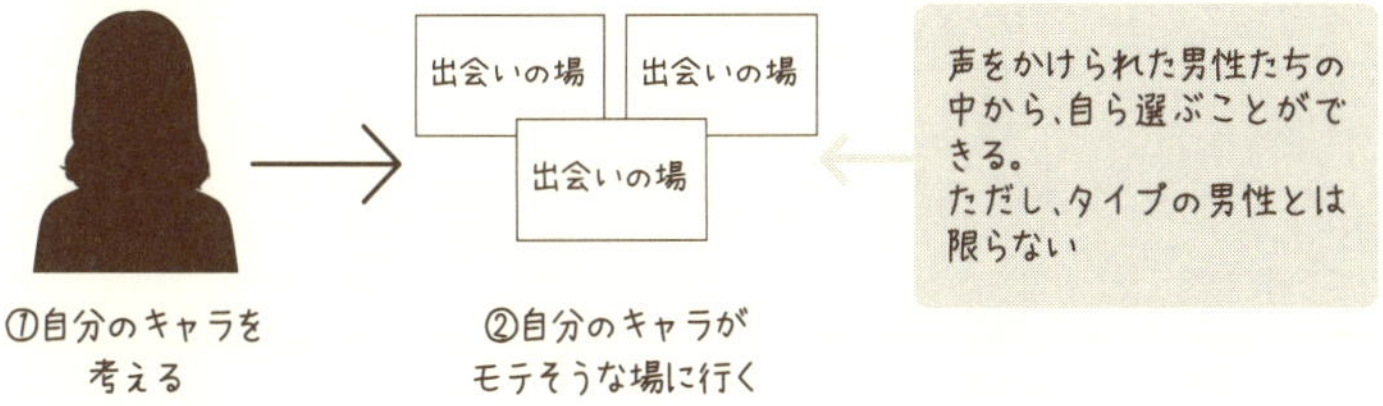
出会いの場
出会いの場
出会いの場
声をかけられた男性たちの中から、自ら選ぶことができる。
ただし、タイプの男性とは限らない
①自分のキャラを考える
②自分のキャラがモテそうな場に行く

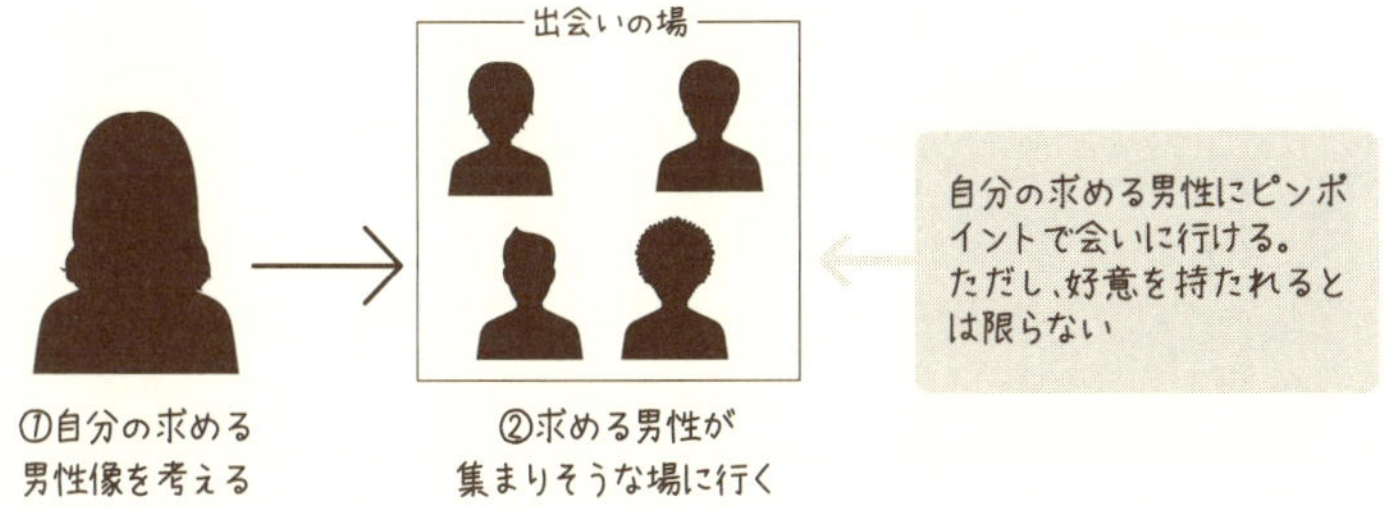
出会いの場
自分の求める男性にピンポイントで会いに行ける。
ただし、好意を持たれるとは限らない
①自分の求める男性像を考える
②求める男性が集まりそうな場に行く

スロー・ラブ 小ワザ

出会った男性の粗探しをしそうなときは要注意。減点法の姿勢では、ほとんどの男性とうまく恋愛ができません。「店員への気づかい」「上着のたたみ方が丁寧」「箸の持ち方がキレイ」など、**小さな好印象ポイントに注目**する加点法を心がけましょう。

たとえば、食に興味が強い男性を探すのなら、食をテーマにしたＳＮＳのコミュニティや社会人サークルのイベントへ。仕事熱心な男性を探すのなら、異業種・同業種交流会やビジネス系のセミナーへ。サッカー好きな人を探すのなら、あるチームのサポーター団体や、男女ミックスのフットサルチームへ行けば、その男性たちに出会える可能性はグッと高まります。

もし「求める男性に出会えたけど、恋人がいた。結婚していた」という場合も心配無用。人間は似たもの同士で集まろうとする傾向があるだけに、同じタイプのメンバーもいるでしょうし、その男性に友人を紹介してもらえばいいのです。

この方法を使わないとしても、**「こんな男性と出会いたい」というイメージは持っておきましょう。そのほうが、出会いの場で男性をしっかり見極められるし、アプローチもしやすい**ものです。

## 恋人のイメージを鮮明にして<br>ピンポイントで会いに行こう

# 40代女性に幸せを運ぶ〝スロー・ラブ〟

たった1回や2回デートしただけで誘われなくなってしまった。あるいは、「一目ボレした」と言われた。どちらにしても、「あなたは私の何がわかったって言うの？」と違和感を抱いたことはないでしょうか。

ここまで書いてきたように、さまざまな出会いの場がありますが、大人の女性にすすめたいのは、**時間をかけて相手と向き合い、少しずつ関係性を築き上げる〝スロー・ラブ〟**。いきなりパッと燃え上がるような恋が少ない世代だけに、時間をかけて徐々に相手を好きになるほうが自然なのです。

たとえば、「連絡先を交換できた」「デートに誘われた」「告白された」という〝大きな進展〟ばかりを求めていると、常に「成功か？　失敗か？」「『すごくうれしい』と『すごく悲しい』」の極端な2択になりがちです。しかも短期間で好意を抱き合うことは難しいだけに、「結局、今日もうまくいかなかった……」と落ち込む機会が増えてしまいます。

それよりも、「気になる人ができた」「笑顔をたくさん見せてくれた」「共通点をひとつ発見できた」などの**小さな進歩**をお互いに実感し合いながら、少しずつ距離を縮めていきましょう。

あなたが10代のころは今よりも感受性が強く、このような〝小さな進歩〟を喜べていたのではないでしょうか。**年齢を重ねるほど〝小さな進歩〟に対して鈍感になり、〝大きな進展〟を求めるようになりますが、それが大人女性の恋愛がうまくいかない原因のひとつに。**小さくても着実な進歩の積み重ねが、居心地のよさや安心感を呼び、「長い年月一緒にいたい」「替えの効かない存在」という気持ちにつながるのです。

私はよほど早く結婚したい人でない限り、40代女性に婚活パーティーはすすめていません。「たった数分の会話で相手を選び合い、数時間後に結論を出さなければいけない。ダメならまた次のパーティーに行く」というスタンスは、まさに〝ファスト・ラブ〟。そんな短時間では大人女性の魅力は伝わりません。長い目で自分を

大きな進展

連絡先を交換できた
デートに誘われた
次の誘いを受けた
プレゼントされた
告白された

→

・成功か？ 失敗か？の極端な2択になる

・「失敗」と感じる回数が増えて、落ち込むなど、精神的なダメージを受けやすい

…………ファスト・ラブ

小さな進歩

気になる人ができた
笑顔を向けてくれた
共通点を見つけた
隣に座って話せた
「いいね」された

→

・相手の人柄や魅力を少しずつ理解していける

・居心地のよさや安心感を抱きやすい

・つき合いはじめたら簡単に別れない

…………スロー・ラブ

見てもらい、長い目で相手を見られる方法を選んでほしいのです。

一見、友人の紹介、SNSのイベント、単発イベントなども〝ファスト・ラブ〟のような気がしますが、あなた次第で〝スロー・ラブ〟にすることができます。

たとえば、友人の紹介で出会った男性と、携帯メールのアドレスを交換したとします。でも、「今メールしてもいいかな？」と気をつかう。あるいは、「返信が来ない

**スロー・ラブ 小ワザ**

**男性が結婚を考える主なタイミング**は、「この先、彼女以上の女性と出会えない」と感じたとき。生き方や仕事への姿勢で影響を受けたとき。「これ以上待たせると振られる」と思ったとき。体調の異変や体力の衰えを感じたとき。両親など身近な人が病気になったとき。

から脈がない」と考えたりしませんか？　そして、「これ以上踏み込むのはやめておこう」とあきらめてしまったことはありませんか？

携帯電話でのメール交換ではなく、ミクシィやフェイスブックなどのSNSで友人になっておけば、お互いの人柄や趣味嗜好を知ることができるし、好きな時間に「いいね」ボタンやコメントを書くだけで、〝小さな進歩を積み重ねる〟ことができます。つまり**どんな出会い方をしても、SNSのやり取りにつなげられれば、〝スロー・ラブ〟に持ち込める**のです。

少しずつお互いへの理解が深まり、距離の縮まりを感じると、2人の間に温かい空気が流れはじめます。その空間は不安や焦りとは無縁の世界であり、2人は相性のいい恋人同士にちがいありません。

人生を充実させるためには、恋愛だけでなく、仕事、趣味、人間関係（友人、家族）の4つをバランスよく楽しむことが大切。時間をかけて愛情を育んでください。

## どんな出会いもスロー・ラブにできる<br>小さな進歩を重ねて幸せをつかもう

Part

# 5

# “スロー・ラブ”の育み方

ここで紹介するノウハウは、
初対面の男性にも、顔見知りの男性にも有効。
ゆっくり、でも着実に、
あなたなりの愛情を育んでいきましょう。

## 誘うのではなく、声をかけるだけでいい

恋愛に限らずコミュニケーションの第一歩は、声をかけるところから。緊張や不安を言い訳に、何もせずただ待っているだけでは、２人の距離は一向に縮まっていきません。

あなたは、「できれば私から声をかけたくない」「女性から追いかけると逃げられそう」などと思っていませんか？　でも、「食事に行こう」「デートしてください」と誘っているわけではないので心配無用。**気軽に声をかける**、あるいは**何気なく話題を振る**という感覚でいいので、自らアクションを起こし、会話のきっかけをつくっていきましょう。

あなたにすすめたいのは、「あいさつ」「ねぎらい」「申し出」「依頼」「質問」「感謝」「ホメる」「よい知らせ」「前回までの会話内容」「差し出す」「相手の持ち物」

「場所が変わったとき」「思い出す」「カマかけ」「帰り際のフォロー」という15種類の方法（P130・131参照）。

これらはいずれも、気軽かつ自然な声のかけ方ですし、男性からすると、声をかけてもらえるとうれしいタイミング。「声をかける機会を増やすほど好感度や親近感が上がる」という心理学の法則もあるので、積極的にやってみましょう。

また、一度声をかけてみて「反応が微妙だな」と感じたときも、そこでやめないことが大切です。あなたの思いすごしかもしれませんし、たまたまそのとき相手に余裕がなかっただけかもしれません。

男性も女性から声をかけられたらうれしいし、その方法がここで紹介したような自然なものであれば、**話しやすい女性であることを印象づけられます。**「勇気を持つ」というよりも、「深く考えず」に声をかけてしまいましょう。

**「誘う」のではなく、「声をかける」それだけで2人の距離は近づく**

**スロー・ラブ 小ワザ**

大人女性の“ツンデレ”は、声をかけづらいだけ。**“デレツンデレ”のイメージ**で、最初は人なつっこさと好意を見せ、続いてややクールな一面を見せ、その後再び人なつっこさと好意を示せば、“かわいらしい大人の女性”に。すると、丁寧な扱いを受けられます。

### 8 よい知らせ ➡遠まわしに好意を伝える

「これ、おもしろいんですって」「あの料理おいしいですよ」「あの知らせ、聞きました?」

「おもしろい」「おいしい」「お得」などの「ポジティブなことを共有して仲よくなろう」というスタンス。

### 9 前回までの会話内容 ➡「話の続き」が親近感を呼ぶ

「この前○○と言ってましたよね」「○○はどうなりました?」「あのお話、覚えてますよ」

以前話した内容で声をかけられると、「覚えていてくれた」「ちゃんと聞いてくれていたんだ」とうれしいもの。

### 10 差し出す ➡“気が利く女性”をアピール

「よかったら」「どうぞ」「使ってください」「おつかれさまです」

飲み物や料理、ハンカチやティッシュ、おしぼりや紙ナプキン、ガムやアメを差し出すタイミングでひと言。

### 11 相手の持ち物 ➡間接的に相手をホメる

「そのカバンいいですね」「カッコイイ携帯電話ですね」「それ欲しいんですよ」

センスのよさをホメ、購入先などに関心を示すと、素直に喜べる。時計、ハンカチ、財布、筆記具、服飾小物など。

### 12 場所が変わったとき ➡仕切り直しのチャンス

「今日は楽しいですね」「あの料理おいしかったですね」「お話してもいいですか?」

場所が変わると気持ちがリフレッシュされ、声をかけ合いやすい。会場の外、2軒目、帰り道などで気軽に。

### 13 思い出す ➡自然を装って声をかける

「あっ、そう言えば」「ふと思ったんですけど」「もしかしたら○○では?」

フレンドリーな雰囲気で声をかけるため、相手も警戒せず返事がしやすい。どんなジャンルの話でも対応可能。

### 14 カマかけ ➡予想が外れてもOK

「これお好きですよね?」「今、○○しようと思ってました?」「○○出身ですか?」

考えていることや行動などを予想して声をかける方法。特に、伝えたいことや好きなものを当てられると喜ぶ。

### 15 帰り際のフォロー ➡よい余韻を残して立ち去る

「お話できてよかったです」「またお話してくださいね」「失礼はなかったですか?」

帰り際に、会話できたことへの感謝、次回への期待感、振る舞いへの反省などを伝えれば好印象まちがいなし。

**1 あいさつ ➡好印象の第一歩**

「こんにちは」「はじめまして」「どうも」「お元気そうですね」「ではまた」「またゆっくりと」

自らあいさつしてくれる人はそれだけで好印象。顔を合わせたとき、立ち去るとき、2回とも声をかけたい。

**2 ねぎらい ➡女性の優しさがにじみ出る**

「おつかれさまです」「大変でしたね」「がんばってますね」「よくできましたね」

何かをがんばっているとき、大変なとき、成し遂げたときは、男性が最も声をかけられてうれしいタイミング。

**3 申し出、心配 ➡小さなことでも迷わず助ける**

「よろしければ」「お手伝いしましょうか?」「大丈夫ですか?」「何か飲まれますか?」

困っていることや、考え込んでいることに気づける女性は好印象。「気にかけてくれる」という安心感も。

**4 依頼、お願い ➡満足感とプライドを刺激**

「お手伝いしてもらえませんか?」「少し助けてくれませんか?」

男性としても、軽めの依頼なら引き受けやすく、頼ってもらえたことに喜びを感じる。距離を縮める基本技。

**5 質問 ➡会話を助け、関心を示す**

「ひとつ聞いてもいいですか?」「○○と○○ならどちらが○○ですか?」

パーソナルな質問なら「興味を持ってくれた」、好きなことなら「気が合いそう」などと感じさせられる。

**6 お礼、感謝 ➡声をかける最大のチャンス**

「本当にありがとうございます」「すごくうれしかったです」「先ほどはどうも」

大人の女性でも「歩み寄ってお礼を伝える」「2度伝える」人は少ないので、ライバルとの差別化にもなる。

**7 ホメる ➡いつどんな瞬間でも使える**

「ビシッと決まってますね」「○○、お上手ですね」「ご活躍、聞きましたよ」

ホメるポイントは、服装や小物、笑顔などの見た目、仕事や趣味のスキルやスタンス、周囲の人への振る舞い。

# 「大人の女性ならでは」の会話術を使う

会話術と書くと難しく感じるかもしれませんが、ここで紹介するのは、**大人の女性がすでに身につけていて、今日すぐ使える**レベルの簡単なもの。以下の6つだけでも十分、会話は盛り上がり、好印象も得られるので、ぜひ試してみてください。

## 大人女性の会話術1 会話のハードルを下げる

多くの男性は、「男性が会話をリードし、女性を楽しませるもの」「話がおもしろいと思われたい」と思っています。特に初対面のときや、会話に自信がない人の場合、そのことを意識するあまり、リラックスして話せません。そんな男性に会話のハードルを下げて、話しやすい状況をつくってあげられるのが大人の女性です。

たとえば、「**私、話しベタで**」「**オチがなくてごめん**」などと伝えると、男性は

「それならこっちも気がラクだ」と安心感を抱いて話しやすくなります。また、あなた自身、「うまく話さなきゃ」と力まずにすむというメリットもあります。

## 大人女性の会話術2 オープン質問とクローズド質問の使い分け

会話の冒頭や、話が行き詰まったときは、「○○と○○、どっちがいいと思う?」「○○は好き?」などの**答えが限定された質問**（クローズド質問）がおすすめ。相手は、あまり考えずにサラッと答えられるため、会話にテンポやノリが生まれます。

一方、話が盛り上がってきたら、「どうして○○が好きなの?」「どこがいいと思うの?」などの**答えが複数あって自由に話せる質問**（オープン質問）に切り替えましょう。相手は、気持ちを込めて話せるため、楽しさを感じられます。

どちらかの質問ばかりになると、会話は盛り上がりに欠け、相手のホンネを引き出すこともできません。沈黙気味のときはクローズド質問で会話を活性化して、いい反応が返ってきたらオープン質問にするなど、バランスよく使い分けましょう。

**スロー・ラブ 小ワザ**

社内恋愛を目指すのなら、朝夕に自分からあいさつすること。困っているときなどを見逃さず、ひと声かけること。仕事ぶりをホメ、マネ、ねぎらうこと。デスクを整理し、食器の片づけなどを率先すること。大小の食事会を企画すること。部署を越えて話すこと。

大人女性の会話術3
## 疑問形を抑えて話しかける

「○○ですか？」と疑問形ばかりで話しかけていると、尋問を思わせる一方的なコミュニケーションになり、2人の仲は深まりません。また、「品定めをされているのか？」と嫌悪感を抱く男性もいるでしょう。

だからといって相手の言葉を待っているだけでは、恋愛は動かないので、P130・131で紹介したような方法で女性から声をかけるべきです。その際、**「○○さん」などと名前を呼びかけつつ**、「楽しい」「おもしろい」「おいしい」などのポジティブな感情を共有できるような言葉をかけていきましょう。

大人女性の会話術4
## 具体的な名詞、固有名詞を使う

あなたは、「どんな料理が好き？」と聞かれたとき、どう返事していますか？単に「和食」と答えるよりも「お寿司」。さらに「お寿司」よりも「白身や貝のお寿司」「築地場内の○○寿司」などと、**より具体的な名詞や固有名詞**で答えるのがベター。すると、「僕も好き」と共感を得られたり、「赤身はどう？」と派生話で盛り上がったり、「じゃあ今度行こう」とデートの誘いにつながりやすくなります。表向きは男性から誘っているように見えますが、実質的に誘い水を出し、会話をコントロールしているのは女性。出会って間もないころは、お互いへの興味や感情が薄いだけに、こんな小さなきっかけが重要なのです。デート中やグループの会話でも、このことは同じ。ふだんから具体的な名詞を使うようにしましょう。

## 大人女性の会話術5 ちょっと予想して声をかける

出会って間もないころは、お互いに緊張したり、相手の様子をうかがったり、口数が少なくなりがち。そんなときに、相手の気持ちを予想して声をかけると、「よくわかったね」、あるいは、「少しちがうかな。実はこうだよ」と会話が発展します。たとえば、彼が「和食が好き」と言ったら、「お寿司が好きでしょ」。彼が「休日は外に出るほう」と言ったら、「スポーツとか上手そうだね」などと言えばＯＫ。予想が当たれば〝よき理解者〟、外れても会話のきっかけになるだけに、使わない手はないのです。ただし、「どうせこうでしょ」と見透かしたような言い方は避けましょう。

**スロー・ラブ 小ワザ**

恋人候補の男性にあなたの存在を印象づけるには、**会話のピークをつくる**こと。会話の中で彼が「本当に楽しい」と感じる瞬間をつくれれば、その気持ちが＝あなたへの好印象に。ずっと同じ調子で会話するのではなく、どこか１か所だけ、より熱心に話すのもアリです。

大人女性の会話術6

## 気づかれないように教える

どちらの年齢が上だとしても、男性は女性から一方的に教えられることを好みません。もしそういう関係になってしまうと、恋愛感情を抱かれにくくなるので気をつけましょう。自分の知っていることを伝えたいときは、「○○みたいですよ」「○○なんですって」などと、それとなく伝えるのが大人女性のたしなみです。

また、「この前たまたま聞いたのですが」「そう言えば」などの前フリを入れることで、教えるというニュアンスはやわらぎます。自分の知識を誇ることではなく、**2人の距離を縮める**ことという会話の目的を忘れないようにしましょう。

1〜6の会話術を読んで何か気づきませんでしたか？

そう、大人の女性は、あまり話さなくても好感度が上がり、男性との距離を縮められるのです。P50で書いたように、40代女性の強みは、落ち着いて話が聞けることと、相手を気づかえること。男性は安心して会話のできる女性、特に、自分の話したいことや好きなものをしっかり聞いてくれる女性に恋愛感情を抱くものです。

8歳年下男性と交際中の千香さん（45歳）も、「女子高育ちのせいか話し出すと止まらない性格なのですが、つき合いの浅い男性と話すときは、聞き役にまわれるようになりました。男性はそれだけで居心地がよさそうだし、今の彼も『だから年上はいい』と言ってくれます」と話していました。

「かかあ天下のほうが夫婦はうまくいく」と言いますが、それは正解。出会いのシーンでは男性の話をしっかり聞き、主導権を握っているような感覚にさせておいて、関係が深まったあとは逆にしっかり話を聞いてもらい、主導権を握ればいいのです。

## 「安心して話せる」雰囲気をつくって居心地のいい時間を演出する

# 「これだけは押さえておきたい」トークテーマ

話題豊富な女性はモテると思いますか？

答えはノー。世代を問わず男性は、女性に話題の豊富さを求めません。たとえば、「それ知ってる」「私はこう思う」と話題に乗ろうとする女性よりも、「へぇ、そうなの？」「教えて」と関心を示す女性のほうが好感を持たれるものです。

ゆえに、「私はスポーツ、ビジネス、時事ニュース、車など男性向きの話題に詳しくないから……」と後ろ向きにならなくてＯＫ。そもそも**出会って間もないころは、話題をひとつや2つに絞らず、いろいろなテーマで話したほうが、お互いの人柄や嗜好を理解し合い、長所に気づき合うことができます。**

逆に、ひとつの話題で盛り上がりすぎて他の話が不十分だと、お互いへの理解が深まらず、恋愛関係に発展しません。あなたも「あんなに楽しく話せたのに何で？」とガッカリした経験はないでしょうか。

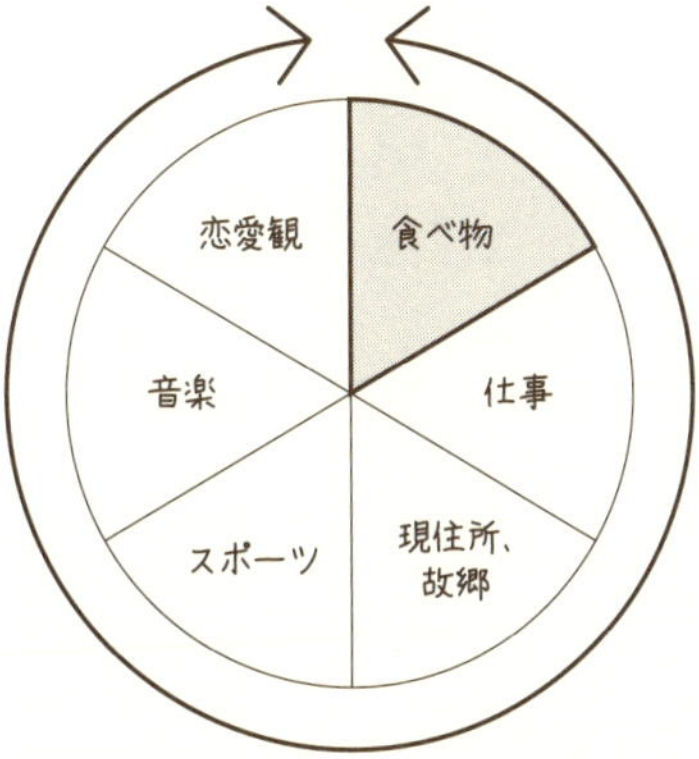


ひとつの話題で盛り上がらず、いろいろな話をしたほうが、
人柄の輪郭がつかみやすく、理解が深まる

以下に、会話の基本となる6つの話題を挙げます。これらを覚えておくか、携帯電話などにメモしておき、男性たちとさまざまなテーマで話をしましょう。

**●ベースになる6つの話題**

**①生活（ライフスタイル）**

↓仕事、休日の過ごし方、仕事帰り、家事、家での過ごし方

**②個人情報**

↓現住所、故郷、家族、友人、過去の経験、現在の状況、未来の予定

**③趣味嗜好（好き嫌い、得手不得手、こだわり）**

↓飲食物、エンタメ（テレビ、映画、

音楽、スポーツ)、ファッション

**④感情**

↓喜怒哀楽を感じること、価値観(人生観、恋愛観、金銭感覚、対人関係)

**⑤モノと場所**

↓よく行くスポットや店、よく買うもの、行きたい場所、買いたいもの

**⑥現場とタイムリー**

↓その場所にあるもの、いる人、起きたこと、雰囲気、天気など

会話を進めるなかでひとつ気をつけたいのは、話題を変えるタイミング。相手男性がまだ話したいことがあるのに、コロッと話題を変えないようにしましょう。**20・30代の女性は、前ぶれなく話題をコロコロ変えるので、男性はやりにくさを感じがち。だからこそ、40代女性はタイミングのいい話題変更で、違いをアピールしてほしいのです。**

話題を変えるタイミングとしては、相手の言葉がだんだん短くなってきたときや、3秒前後の間ができたときがベター。「男性に話題を変えてもらえばいいのでは?」と思うかもしれませんが、大人の女性としては、それでは受け身すぎ。相手

に気をつかわせるよりも、さまざまな話題をテンポよく振ったほうが好感度は上がります。

また、2人で盛り上がったり、相手のテンションが上がった話題があったら、「あの話おもしろかったから、もう少し聞かせて」「ふと思ったんだけど、あの話ってこういうこと?」などと、再度話を振り直すのも効果的です。

## 男性向けの話題は必要なし 身近なテーマをテンポよく振ろう

**スロー・ラブ 小ワザ**

大人の男性から愛されるためには、**3つの欲求を満たす**ことが重要。「好かれたい、愛されたい」という好意の欲求、「認められたい、尊敬されたい」という承認の欲求、「応援してほしい、味方になってほしい」というサポートの欲求を満たせれば、本命の恋人に。

# 瞬発力で負けても、共感力で勝てる

大人の男女が恋愛関係に発展する上で欠かせないのが**共感力**です。年齢を重ねるほど、積み重ねてきたキャリアや経験、長く親しんできた趣味や愛用品が増え、「自分の気持ちをわかってもらいたい」「自分の好きなものを認めてもらいたい」という気持ちが強くなるもの。そんな気持ちを満たしてくれる人を恋の相手として意識するのは必然でしょう。

お互いに共感し合えるのがベストなのですが、より好印象を与えるためには、「私が先に共感してあげよう」くらいのスタンスを心がけたいところ。一歩踏み出す瞬発力は年々失われがちなだけに、相手の心をほっこりとさせるような共感力で勝負してほしいのです。

以下に、「今すぐ使える大人の共感テクニック」を紹介していきましょう。

## 大人女性の共感力1 感じのいいあいづち

相手男性に気持ちよくしゃべってもらうためには、無言でのうなずきや「はい」「うん」の返事だけではダメ。男性の話を助け、好印象を与えられる上に、好きなことや共通点などを聞き出せる〝感じのいいあいづち〟を心がけましょう。

- **同意のあいづち** 「私もそう思います」「その通りですね」「同感です」「確かに」
- **好意のあいづち** 「いいですね」「よかったですね」「おもしろい」「ぜひぜひ」
- **関心のあいづち** 「続きは?」「楽しそうですね」「ホントに?」「驚きますね」
- **ホメのあいづち** 「スゴイですね」「さすがです」「素晴らしい」「うらやましいな」

これらのフレーズを笑顔で使い分けるだけで、共感力アップは確実。相手が話すたびに、SNSの「いいね」ボタンを押すイメージで使えば、その場にいる全員に好印象を与えられます。特に、好きなことや話したいことを相手が語っているときは、これらのあいづちを心がけてください。また、相手が使ったフレーズをそのまま引用する〝オウム返し〟も、感じのいいあいづちのひとつです。

**スロー・ラブ 小ワザ**

**ホメるときは**「店員さんに優しくていいね」「ネクタイのセンスいいよね」などと、**彼ならではの点を**。一方、**ネガティブな指摘をするときは**「もう少しゆっくり歩ける?」「遅れるのはいいけど、寒かったな」などと彼本人ではなく、**行為や状態のみを伝え**ましょう。

大人女性の共感力2　**強調接頭語**

男性の言葉に返事をするとき、頭にたったひと言をつけ加えるだけで、共感度を上げることができます。

たとえば、相手が仕事の話をしたとき、単に「おつかれさまでした」ではなく、「**本当に**おつかれさまでした」「**今日も**おつかれさまでした」。和食が好きか聞かれたとき、単に「好きです」ではなく、「**すごく**好きです」「**もちろん**好きです」と返事することで、相手男性の胸に響きやすくなります。

この他の強調接頭語は、相手をホメるときに使う「やっぱり」「すごく」「さすが」、好意を示すときに使う「ぜひ」「心から」、敬意や気づかいの気持ちを表わす「よろしければ」「恐れ入りますが」などがあります。

大人女性の共感力3　**YESトーク**

会話の相性を決めるのは、心地よいテンポで話せるかどうか。相手男性に「いや」「う〜ん」「ちがう」「そうじゃなくて」など歯切れの悪いフレーズばかり言わせてしまうと、噛み合わない印象を与えてしまいます。

逆に、「はい」「そうそう」「好きだよ」などの肯定的なフレーズを言わせることができると、会話にテンポが生まれるもの。たとえば、「スポーツは好きですか？」「この料理おいしいですよね」「これ一緒に食べましょうよ」「今日は天気がよくて気持ちいいですね」「（知っていることでもあえて）これって○○なんですか？」などと声をかけると、相手は肯定的なフレーズを発しやすくなります。さらにあなたが、「私もそうなんですよ」「やっぱりいいですよね」などと肯定的なフレーズを重ねることで、さらにテンポよく会話は進んでいくでしょう。

## 大人女性の共感力4 リフレイン

「せっかく仲よく話せたのに」「あんなに盛り上がったのに」、その後、思うように距離が縮まらず、カップルになれなかったという経験はありませんか？　少し意識を変えるだけで、そのいいムードを長続きさせることができます。

その方法は、相手が話した内容を覚えておき、しばらく時間が過ぎたあと、あるいは翌日以降で、再び話題にするだけ。「○○の話おもしろかったです」「あの話ぜ

スロー・ラブ 小ワザ

男性が**年上女性を選ぶ理由**は、主に2つ。1つ目は、包容力に惹かれた「甘えたいから」。2つ目は、豊富な知識や経験に惹かれた**「楽しいから、勉強になるから」**。特に仕事、料理やお酒、スポット、音楽など、知らないことを教えられる年上女性は愛されます。

ひ続きを聞かせてくださいね」などと伝えると相手男性は、「覚えていてくれたんだ」「話のわかる女性だな」と喜ばせられます。
特に効果的なのは、相手が感情を込めて話したことや、こだわりのありそうなフレーズ。これらをリフレインすることで、再び話が盛り上がったり、次の誘いにつながったり、何らかのよい進展が望めるものです。

４つの共感テクニックを意識的に使い、「やっぱり大人の女性はいいな」と思わせることができれば、年下女性を恐れる必要はありません。相手男性の言葉に共感することができれば、相手も徐々にあなた自身の言葉に共感しはじめるでしょう。相手男性に、「オレは彼女の理解者でいてあげたい」と思わせることができたらしめたもの。そのように共感し合いながら、確かな絆を育んでいってほしいと思います。

## 共感度なら若い世代に負けない
## 男性はみんな理解者を求めている

# ひと言も話さなくても好感度は上がる

スロー・ラブを育むための第一歩は、男性たちにあなたの存在を印象づけること。さらに、その印象が「女性らしさ」であれば、異性としての好感度アップにつながっていきます。

大人の女性が女性らしさを印象づけたいとき、ポイントとなるのは、**表情、仕草、振る舞い、気づかい**の4点。これらをうまく使いこなせば、ひと言も話さなくても男性に異性として印象づけることができるのです。

次ページに具体例をまとめたので、ぜひ参考にしてください。その50項目に共通しているのは、**男性はあまり行なわないものであること**と、**女性としての魅力を引き立てるものであること**の2点。「最近あまり声をかけられない」「女性扱いされない」という人は、心がけてみてはいかがでしょうか。

スロー・ラブ 小ワザ

**飲み会で料理を取りわけるときに重要なのは**、運ばれてきたときではなく、**おかわりのタイミング**。最初に取りわけるのは、義務感やワザとらしい印象を与えがち。それよりも、一杯目がなくなった男性に気づいて、二杯目を取りわけられる女性の方が好印象です。

### 街頭、移動時

・意識的に近くを歩く。肩が軽く触れるかどうかの距離（清楚さ）
・同じ歩幅とリズムで足を動かす（上品さ、包容力）
・人とすれちがうときは、自分がよけて先に行かせる（おおらかさ）
・赤信号や電車などはのんびり待つ（おおらかさ）
・晴れた日は日傘やハンカチを手に歩く（上品さ）
・街頭配布のティッシュを笑顔で受け取る。軽い会釈で断る（上品さ、おおらかさ）
・電車で同伴者を先に座らせる、席を詰めて座る（礼儀正しさ、けなげさ）

### 飲食店

・さりげなくよい席に誘導する（けなげさ、包容力）
・靴をそろえて置く。コートや小物を丁寧にたたむ（上品さ）
・席を立つとき、丁寧にイスを戻す（礼儀正しさ、清楚さ）
・メニューを相手側の向きで開く（けなげさ、包容力）
・店のスタッフに笑顔と丁寧な言葉づかいで接する（上品さ、清楚さ）
・運ばれてきた料理をさりげなく取り分ける（けなげさ）
・おかわりがほしそうなときに、再び取り分けてあげる（けなげさ、包容力）
・取り分けてもらった場合、その人が食べはじめるまで待つ（上品さ、謙虚さ）
・グラスを両手で持つ。皿を持つときも両手を添える（上品さ、清楚さ）
・食べ終えた皿をテーブルの端に寄せておく（けなげさ、包容力）

### イベント・パーティー会場

・すれちがう人に軽く会釈する（上品さ、礼儀正しさ）
・会場の中央寄りにいる。壁際や密集地帯に立たない（礼儀正しさ）
・名刺をもらったら、胸の高さをキープしたまま話す（礼儀正しさ）
・話すときは、できるだけ皿やグラスをテーブルに置く（礼儀正しさ）
・1人のときも、携帯電話や手帳などを見ず、顔をあげている（礼儀正しさ）
・司会や催し物の進行にしっかり耳を傾ける（礼儀正しさ、謙虚さ）
・ハンカチや紙ナプキンなどをグラスに添える（上品さ）

### 表情、あいさつ

・目をしっかり開き、やや口角が上がっている（清楚さ、上品さ）
・あごを引いてゆっくりあいづちを打つ（上品さ）
・あいづちのタイミングで深くまばたきをする（上品さ）
・相手の言葉や行動に合わせて微笑む（上品さ、包容力）
・微笑みから爆笑まで、笑顔に緩急をつける（愛きょう）
・しっかり頭を下げてあいさつする（礼儀正しさ）
・名刺交換のときは、一歩前に歩み寄る（謙虚さ）

### 座り方

・体をまっすぐ相手に向ける。背筋を伸ばす（上品さ）
・相手が座ったあとに座る（礼儀正しさ、けなげさ）
・できるだけ対面ではなく、横に並んで座る（親近感）
・足は組まずにそろえる、両手はひざの上に置く（清楚さ）
・話が盛り上がったら、少し身を乗り出す。座り位置を前にする（一体感）

### 手足の動き

・両手は前で軽く組む（上品さ、清楚さ）
・カバンを両手で持つ（上品さ、清楚さ）
・持ち物を丁寧に、大事そうに扱う（上品さ、清楚さ）
・何かを指差すときは、指先までまっすぐそろえる（上品さ、清楚さ）
・両足をしっかりそろえて立つ（上品さ、清楚さ）
・楽しい話題のときは、拍手や軽いガッツポーズなどの手ぶりを入れる（愛きょう）
・相手が教えてくれたとき、話に感心したときはメモを取る（素直さ、謙虚さ）

### 待ち合わせ、去り際

・会う前日にメールを送る（礼儀正しさ、愛きょう）
・待ち合わせ場所には5分前に着く（礼儀正しさ）
・まわりを見渡して相手を見つける。携帯電話を見ない（愛きょう）
・相手を見つけたら、自分から歩み寄る（謙虚さ、愛きょう）
・去り際は小さく手を振って別れる（上品さ、けなげさ）
・相手の姿が見えなくなるまで見送る（謙虚さ、けなげさ）
・帰り道でお礼のメールを送る（礼儀正しさ、けなげさ）

心理学に、わかりやすい特徴に影響されて、他の評価が決まる「ハロー効果」という言葉があります。これを出会いの場に当てはめると、女性らしい仕草や振る舞いをすれば「きっとステキな女性だろう」と全体的によい印象を与え、ガサツな仕草や振る舞いをすれば「きっとだらしない女性だろう」と全体的に悪い印象を与えてしまうということ。そして、その印象は何度会ってもなかなか変わりません。

ひとつひとつは些細なものでも、2つ、3つと積み重なるうちに、男性たちの中で「女性らしさのある人」、さらには「ステキな大人の女性」「つき合うならこういう女性」という印象が育まれていくものです。

さきほどの具体例は、言わば**出会った男性たちへのやさしさ**であり、**サービス精神**。どれも時間にして数秒で行なえる簡単なものですし、それだけで好印象を抱いてしまうほど男性は単純なので、使わない手はないのです。

## 女性らしい仕草や振る舞いだけで男性の〝あなたを見る目〟が変わる

# グループ会で好印象のベースをつくる

大人女性にすすめたいのは、つき合うか、つき合わないか、すぐに白黒をつけなければいけない「1対1」よりも、定期的に会うなかでじっくり距離を縮める「グループでの出会い」。その理由は、精神的に気楽なことに加えて、お互いのさまざまな面を見ることができて、距離が縮まりやすいからです。

ゆえに、趣味の場、習い事、飲み会、パーティー、社会人サークルなど、**「たくさんの男女が集まる場でどんな言動をするか？」が、あなたの恋愛を左右する**といっても過言ではありません。そこで好印象のベースをつくっておくことが、その後のデートにつながっていくのです。以下、好印象テクニックを挙げていきましょう。

**即興でミニグループをつくる**

面識が少ない人の多い場では、会話が盛り上がりにくいものです。そんなときは両隣の何人かに声をかけてミニグループをつくり、話が盛り上がりはじめたら別の人にも声をかけて、徐々にグループを大きくしましょう。すると、「気さくに声をかけてくれた女性」と好印象を与えられます。

## 人をつなぐ経由地になる

「○○さんも静岡県出身なんだって」などとさりげなく他の人との共通点を与えたり、ポツンとしている人に「こっちで○○さんと一緒に話さない？」と声をかけたり、人をつなげられると好印象。友人男性の紹介やイベントに誘われやすくなります。

## 全方位へのミラーリング、全体とのページング

ミラーリングとは、話している人や目があった人の表情、姿勢、仕草などを鏡のようにマネること。マネされた相手は無意識のうちに親近感を抱き、話しやすくなります。一方、ページングとは、声の大きさやトーン、テンポ、言葉づかいなどを近づけて話すこと。これもグループ全体や、主要メンバーに合わせると好印象に。

## 二択、三択の質問と提案

グループでの会話が途絶えそうなときは、「○○と○○はどっちが好き？」などと答えやすく、きっかけになりそうな話題を振る。また、選択が必要な場面では、「○○と○○だったらどっちがいいかな」と、それとなく意見を促せると好印象に。

**誰かが一歩進めたら一歩戻す**

誰かが話題を変えたとき、話しそこねた人のために、「そういえば○○さんはどう思った？」などと話を戻して振り直すと、まだ話したいことがありそうな人や、会話に入れなかった人へのフォローになるほか、気になる男性に使うのも効果的。

**間接的にホメる**

気になる男性本人ではなく、別の人に「○○さんってスゴイんですよ」「○○なところがいいですよね」とホメる。専門家、テレビ、雑誌のコメントを引用してホメるのもアリ。直接伝えるよりもわざとらしさがなく、メンバー全体にも好印象。

**「実は」「正直に言うと」の正直トーク**

人が集まる場で、「実は○○なんですよ」「正直に言うと○○なんです」などと自

スロー・ラブ 小ワザ

趣味のグループや、職場の男性に好意を抱いたときに**避けたいのは、第3者に応援を頼むこと。**彼にいきなり「○○さんのことどう思う？」と尋ねる、2人きりにさせるなどの不自然な行動を取る恐れがあります。2人の距離感は、自分で確認しながら縮めるべき。

分をさらけだせる女性は、その場の雰囲気をなごませ、好印象を与えられます。ただし、嫌いなもの、強い不安や悩みなど、ネガティブな内容は打ち明けないこと。

## グルメトークを振る、おやつを配る

会話が盛り上がり、次に集まるきっかけになりやすい、食べ物に関わる話を振ってみる。または、持参したお菓子やガムなどを配ると、その場がなごんで、会話が生まれやすくなるものです。食べ物の話を提供できる人は、印象がよくなるだけでなく、個人的に誘われる機会も増えやすいものです。

## 会話の最後は〝ひと区切り感〟を

会話が長引いて終わらせるタイミングが難しいとき、「終わり」と言い切るのではなく、「楽しい話ができてよかった」「またゆっくりお話したいな」などとポジティブな言葉で切り上げられると好印象。できれば「みんなのおかげで」と感謝の気持ちを絡めましょう。

## グループ会の幹事になる

自ら幹事を買って出る女性は、それだけで好印象。好意を持つ男性だけでなく、多くの人と接触の機会が増える分、まわりが親近感を持ちやすくなります。幹事は出会ってまもない男性にも、気軽に声をかけやすい立場なだけに、「私もやりましょうか？」と積極的に名乗り出てみましょう。

基本的に多くの人が集まる場では、**特定の男性に何かをするよりも、全体に目を向けて行動できる女性が好印象。**さりげなくその場の雰囲気をなごませたり、気づかいの言葉をかけたり、そんなちょっとしたやさしさがメンバーの心に響き、男性からはデートの誘いを、女性からは男性の紹介を得られるものです。

気をつけたいのは、「私は大人だから」と落ち着いた態度を取らないこと。どんな場面でも笑顔は必要ですし、人なつっこさを感じさせるくらいがベターです。

## さりげなくメンバーを気づかいなごませることが恋愛につながる

**スロー・ラブ 小ワザ**

好意を寄せる**男性のステイタスやプライドが高いときは、“素直かつ有能な部下”**のイメージで接するのが好印象。食事の誘いなど声をかけられやすくなります。ただし「その男性が恋愛上手か？」は別問題で、交際スタート後は、女性が主導権を握るほうが多くなります。

# 本当に頼れるのは女友だち

Part4のアンケート（P85）でも1位だったように、さまざまな出会い方の中で「友人、知人の紹介」が占める割合は高く、その可能性を無視するわけにはいきません。

ただ、**年齢を重ねるにつれて、あなたに恋人候補を紹介し、スローラブのフォローをしてくれるのは、男友だちではなく女友だちに変わります。**

大人の女性にとって女友だちは、決してライバルではなく、心の通い合える仲間。ホンネを伝え合ったり、出会いの場へ一緒に行ったり、励まし合ったり……そのメリットは、これまでの友人関係以上に大きいのです。これまであまり友人に恵まれなかった人も、大人の年代になった今こそ新たな友情を築き、それを恋愛にも生かしていきましょう。

恋人候補を紹介してくれるのが、女ともだちに変わる理由

- 同年代の男性は独身の友人と恋愛話をしなくなり、状況を把握していない
- 男性は、女友だち（あなた）の年齢が上がると、友人を紹介したがらない
- 女性同士の方が恋愛面での仲間意識は強く、40代ではそれがさらに高まる
- 独身女性同士なら、一緒に出会いの場に行けるなど協力体制を築きやすい
- 既婚女性も恋愛の話をするのが好きで、むしろ友人の恋愛を応援したがる
- 女友だちの恋人や夫に「いい友人や同僚はいないか？」と聞いてもらいやすい

## ステップ1 新たな女友だちをつくる

最も大切なのは、既存の女友だちに加えて、新たな女友だちをつくること。20代・30代のころによく遊んでいた女友だちは、「仕事やプライベートの状況が変わって、会う機会が減った」のではないでしょうか。現在の生活、趣味、メンタルに合う女友だちを見つけたほうが意気投合しやすく、行動もともにできるものです。

男性を紹介してくれる女友だちがいる人もいない人も、まずは趣味の場、習い事、SNS、イベントなどで新たな女友だちをつくりましょう。なかでも、世話好きの人、サービス精神のある人、恋愛話の好きな人、まわりに男性が多いライ

フスタイルの人は、恋人候補の男性を連れてきてくれる可能性大です。

## ステップ2 友だちとの距離を縮める

「友だちになれてうれしい」としっかり好意を伝えたり、相手の言葉や趣味嗜好に共感したり、疲れているときに優しい言葉をかけたり、誕生日を覚えていて祝福するだけで、友だちとしての距離は確実に縮まっていきます。

また、「私（I）は○○です」ではなく、「私たち（We）は○○だよね」と、IでなくWeを主語にして話しかけると、2人の間にノリや一体感が生まれるもの。

もともと女性のほうが義理堅く、好意を好意で返そうとするところがありますし、大人の年代になると、よりそういう気持ちが強くなるもの。「大切な友だちだから、何かしてあげたい」と感じてくれるのです。

## ステップ3 友だちと恋愛観を話し、素直に頼る

徐々に距離が縮まったら、ホンネで恋愛観について話すこと。過去の恋愛や、「こういう恋愛がしたい」「こんな男性が好き」などと語り合い、「いい人がいたら紹介して」と素直に頼りましょう。大人の女性は心の結びつきを重視するだけに、

「幸せになりたい」という気持ちをハッキリ伝えると、手を差しのべてくれる人が多いもの。そのタイミングは今すぐなのか、1年後なのかわかりませんが、常に気持ちを伝えておくことが重要なのです。

また、具体的なデートや恋人像をイメージし、それを口に出すことで、あなた自身のモチベーションもキープできるはず。恥ずかしがり、プライドを守っているだけでは、幸せは近づきません。さらに、女友だちに心を開ける素直さは、男性と対面したときにも生きてくるでしょう。

## 新たな女友だちを積極的につくり素直な気持ちを打ち明けよう

よく「出会いがない」という声を耳にしますが、新たな友人をつくって親睦を深めることだけでも、何かしらのきっかけはつかめるものです。

そもそも大人の年代になってできた友人は、〝一生モノの財産〟とも言えるだけに、男女を問わず前向きに取り組みましょう。

**幸せうさぎの声**

「彼（40歳）は手をつないだり、ハグはするのに、肝心の告白はしてくれなかったんです。イライラする気持ちをグッと抑えて、半年間その関係を続けていたら、やっと告白されました。体調を崩して3日間入院したときに、私の大事さに気づいたそうです（笑）」（40歳）

# SNSの正しい使い方

「面倒だからやらない」「放置状態」「個人情報が漏れそうだから」などと理由をつけてSNSをやらないのは、大きなまちがいです。P85のアンケートでも、約13%の人が恋人と出会っている上に、2人の距離を縮める効果も高いSNSをやらない手はありません。左のような多くのメリットがあるので、前向きに使いましょう。

## ステップ1 自分のページを整える

個人ページは、就職活動であれば履歴書にあたる重要なところ。誕生日、居住エリア、血液型などの基本情報から、趣味嗜好、仕事、学歴、友人関係まで……恋人候補たちはここを見て「あなたがどんな女性なのか？」判断しています。恋人候補の目線に立って、読みやすく書きましょう。

まずは、基本的なプロフィールを書いて安心感を、趣味嗜好を明かして親近感を

### 恋愛におけるSNSのメリット

- 恋人候補と出会える（直接メッセージ、コミュニティ、イベント、アプリなど）
- お互いの人柄や趣味嗜好などを理解し合いやすい
- 面と向かって言いにくいことを伝え合える、聞きにくいことを聞き合える
- 携帯番号やメルアドよりも、連絡先として聞きやすい
- 初対面のときやデートなど、会ったあとのアフターフォローができる
- SNSを使っている男性は、人づき合いが好きなタイプや、マメなタイプが多い

与えること。さらに、「こんにちは」「見てくれてありがとう」などのあいさつ文や、「ぜひお友だちになってください」「末永くよろしくお願いします」などの前向きなメッセージを入れておくと好印象です。

なかでもポイントとなるのは、趣味嗜好。たとえば、単に「食べるのが好き」ではなく、「寿司、ホルモン、ビール」などと具体的に書いたほうが共通点を見つけてもらいやすく、会話につながっていきます。

また、恋人候補や友人たちとのコミュニケーションツールとなるつぶやきや日記は、簡単に書けるものでいいので、どんどん書き込みましょう。あなたが「ど

んな生活をしていて、どんな心境で、どんなことに関心があるのか」を知ってもらえる上に、「いいね」ボタンやコメントを書いてもらうことで、交流が深まっていきます。

ただし、「長すぎる」「改行がなくて読みにくい」「ネガティブな内容が多い」と、自己主張の強さや精神的な幼さを感じさせてしまうので、気をつけましょう。

## ステップ2 恋人候補たちを知る

Part4で挙げたどの出会い方をしたとしても、恋人候補のSNSページを見ることができれば、ある程度の人間性や趣味嗜好などがわかるものです。プロフィール、日記、つぶやき、参加コミュニティなどを見て、「どんな共通点があるのか？」「話題になりそうなことはないか？」など、次回のデートや2人の今後につながりそうなネタを見つけましょう。

また、友人の日記やつぶやきにコメントを書くときは、**相手のテンションに合わせる**のが大人女性の流儀。楽しそうなことならノリよく、悲しそうなことならしんみりと、相手にそっと寄り添うような言葉をかけて、一体感を生み出しましょう。

## ステップ3 グループ、コミュニティに参加する

グループやコミュニティは、同じ趣味嗜好や接点を持つ人が集まるだけに、会話が弾みやすく、恋愛に発展する可能性の高いツール。コメントを書き込むだけでなく、イベントに参加するなど、積極的に利用しましょう。

参加するグループやコミュニティは、料理や飲み物などの飲食系、スポーツや音楽などの趣味系、電車沿線や出身地などの地域系、同業種や同職種などの仕事と、自分の好みで選べばＯＫ。定期的にイベントが開催されているものがベターです。

また、過去の書き込みやイベントの様子を見て、「本当に出会いにつながる場なのか？」「メンバーの中で浮かないか？」、男女比率や年齢層も確認しておきましょう。

## ステップ4 イベントに参加する

グループやコミュニティのイベントは、「初参加者が多くハードルが低い」「一度に多くの人と出会える」「共通の話題があるので会話が盛り上がる」などメリット尽くし。いきなり「恋人を探す」というスタンスではなく、「楽しく過ごそう」「友人をつくろう」という感覚でどんどん参加しましょう。

イベントの現場では、出会った人のＳＮＳ名を聞いておき、帰宅後に友人申請するのがセオリーですが、スマートフォンを使って目の前で友人申請するのもア

**幸せうさぎの声**

「彼（47歳）との出会いは、facebookでした。共通の友人がいて、彼がその友人へ書いたコメントに“いいね”を押していたら交流が生まれて。私から『会社の場所も近いので一度食事でも』と声をかけたんですよ。今ではそのことを感謝されています」（45歳）

り。携帯電話の番号を聞くのは勇気が必要ですが、SNS名なら女性からでも気軽に聞けるものです。私自身、これまで100を超えるSNSのイベントに参加して、この方法で毎回10～20人と友人になってきました。

また、イベント会場では主催者やスタッフと仲よくすることで、人間関係が一気に広がります。翌日に「昨日はありがとうございました」「あの話がおもしろかったです」「いいお店でしたね」など、フォローのメッセージを送っておきましょう。

## ステップ5 友人申請する

男女を問わず、イベントなどで出会った人は迷わず申請、友人の友人も共通点のある人なら申請。それ以外の人もプロフィール、つぶやきや日記、参加コミュニティなどを見て、「仲よくなりたい」と思ったら、積極的に人間関係を広げましょう。

コンタクトの取り方は、その人の書き込みにコメントして徐々に仲よくなるか、直接メッセージを送るかの2種類。ただし、「プロフィールの○○を見て」「参加コミュニティで同じものがあったので」など、**相手を選んだ理由を書き込みましょう**。その後、友人になってやり取りが増えたら、食事やイベント参加など、実際に会う機会をつくればいいのです。

利用するSNSは、ミクシィ（mixi）、フェイスブック（facebook）、グーグルプラス（Google+）など、ユーザーが多いものなら、どれでもOK。ここで挙げたように、SNSを使うにあたって特別なスキルや裏技のようなものは必要ありません。書くべきところを丁寧に書き、読むべきところをきちんと読み、毎日少しずつ使っていればいいのです。「朝夕の通勤時や、寝る前の1日10～20分に」などと時間を決めて習慣づけるところからはじめましょう。

「すべての出会いは、SNSに通ず」。**どんな出会い方をしても、SNSにつなげることで、お互いの理解度や親近感は上がる**ものです。携帯電話やメールがそうであったように、もうSNSがなかった時代に戻ることはないでしょう。腹をすえて前向きに活用するしかないのです。

## どんな出会い方をしても SNS名を聞いて理解を深めよう

**幸せうさぎの声**

「facebookで彼（48歳）のページにコメントを書いたら、彼も私のページに書き込むようになって。その後、何度かの食事を経てつき合うことに。彼に聞いたら『“いいねボタン”を押す人は多いけど、コメントはいないからうれしかった』らしいです」（44歳）

# 年下の男性と出会い、つき合う方法

40代女性にとって年下男性との交際は、何ら特別なものではなく、決して背伸びしたものでもなく、**当たり前**のこと。**2〜5歳下なら普通で、10歳以上年下の男性とつき合う女性も、あなたの想像以上に多い**のです。

有名人では、40代では磯野貴理子さんが24歳下、吉田美和さんが19歳下、益子直美さんが12歳下、真矢みきさんが8歳下と、50代では秋本奈緒美さんが15歳下、小林幸子さんが8歳下、川島なお美さんが5歳下の男性と結婚しました。

さらに、**私の相談者さんでも約9割が年下男性との恋愛を視野に入れ、実際に約3割は年下男性と交際しています**。その理由は、Part3を読めば納得できるのではないでしょうか。

年下男性との出会いや交際で最も重要なのは、「自分の年齢を意識しない」こと。

年齢よりも人間性やスキルなどが重視される場で出会い、年下男性と同じノリで明るく話し、ときどきは甘えたり頼ったりするなど、あからさまに「彼女は年上女性」と感じさせないようにしましょう。その上でさりげなく大人の女性らしいゆとりや包容力を感じさせられたらベスト。結果的に、彼が年上女性を選んだ理由になるのです。

では、どこで年下男性と出会い、どんなアプローチをすればいいのでしょうか。以下にそのポイントを説明していきます。

## 1 年下男性との出会いに適した場

・同じ目的のもとに集まる場
↓大人女性の強みである共感度や一体感の高さを最大限伝えられる。
・人間性やスキルに注目、尊敬されやすい場
↓大人女性が培ってきた気配りなどの人柄、得意分野のスキルが評価される。
・最初から年齢を伝える必要がない場
↓年齢よりコミュニケーション姿勢が重視される。見た目年齢がベースに。

以上を踏まえて、出会いに適した場は……

SNS　スポーツコミュニティ　ボランティア団体　タウン・地域活動
職場・仕事関係　異業種・同業種交流会　オケイコ・セミナー

## 2 年下男性へのアプローチ、アピール方法

・常に自ら明るくあいさつするなど声をかける。帰り際もしっかりあいさつする。
・年下男性がまだ知らない楽しみや知識をそれとなく教え、好奇心をくすぐる。
・「緊張している」「話しベタだから」などハードルを下げ、年の差を感じさせない。
・彼の得意分野や趣味に一度、全面的につき合う。一緒に楽しめる女性になり切る。
・人柄、会話、服装、センスなど、彼の自信がなさそうなところほど肯定する。
・相談を求められたら、全面的に味方になるなど、包容力と母性をはっきり伝える。
・年下にこそ率直に相談を持ちかけ、軽い頼みごとをする。年下男性への信頼を示す。
・落ち込んだとき、失敗したときを見逃さず、優しく声をかけてフォローする。
・見た目は実年齢より若く、スキルは年相応に備え、手に入れたい女性と思わせる。

・精神、経済両面での自立を伝え、逆に彼のコンプレックス面で甘えさせる。
・女性からの告白もアリ。告白がなくても気にせずつき合う。責任は感じさせない。
以上を踏まえたポイントは……

**常に声をかける安心感　彼の知らない楽しみや知識　包容力と素直さ**
**実年齢より若く見せる　彼の趣味嗜好を共有　責任の重さを感じさせない**

### 3 交際スタート後のスタンス

・年齢差を気にせず、彼に甘えさせるだけでなく、ときどき自分も甘える。
・「彼の心が離れないか」を心配せず、年下女性に嫉妬せず、彼と自分の愛情を信じる。
・会う日以外は、彼の行動を制限せず、自分のプライベートを楽しむ。
・デートの行き先選びや会話では、さりげなくリードし、お金もワリカンに。
・明らかに間違っているとき以外、彼の仕事や友人関係には口出ししない。
・世代間で意見や経験が食いちがう話はあえてしない。共感し合える話を優先。
・彼の同僚や友人と親しくし、できればＳＮＳでつながって、味方になってもらう。

**幸せうさぎの声**

「年下の彼（34歳）だし、体の崩れが心配だったので、初めてお泊りする前日にエステへ行きました。自信は持てなくても、『やるだけやっておくことが大事かな』と思って。電気をつけようとする彼と格闘しながらも、何とか無事に終えられました（笑）」（42歳）

以上を踏まえたポイントは……

- **甘えさせ、甘える**
- **些細なことで嫉妬しない**
- **自分のプライベートを楽しむ**
- **デートはさりげなくリード**
- **彼に近い人と仲よくなる**

もともと「女性のほうが寿命は長い」ので、健康面では年下男性とつき合うくらいでちょうど釣り合いが取れるもの。また、「メンタルの成熟も女性のほうが早い」と言われているので、年下男性を受け止める包容力や柔軟性も備わっています。

決して「つき合ってもらう」のではなく、「自ら選ぶ」「彼に選ばれて」つき合うことができるはずです。自信を持って年下男性を選び、恋愛を楽しんでください。

## 年下男性との恋愛はもはや必然<br>アプローチ次第で彼の心をつかめる

Part

6

# 大人の女性だからこそ、やってはいけないこと

現在の年齢を強みにできるか、
弱みになるか、すべてはあなた次第。
あなたの恋愛を妨げる「これだけは避けたい」
ことをつづっていきます。

# 〝私トーク〟の大人女性は嫌われる

あなたは、「私は○○○」「私も○○○」と自分の話ばかりしていませんか？

**男性はそのような一人称の〝私トーク〟をする女性が苦手。頭の中で「早く終わらないかな」「だから何？」「わがままな女性かも」などと思っているものです。**

特に、知り合って間もない段階で、そんな〝私トーク〟を連発すると、会話にリズムが生まれない上に、あなたの長所や魅力が伝わりません。それどころか、「いい年して自己主張の強い女性だな」と年齢を悪いほうに取られかねないので、避けたいところです。

これは会話やメールだけでなく、ブログやSNSへの書き込みも同じ。世代を問わず女性は、「私、今これを食べています」「私、ここへ行きました」と〝私トーク〟で語りがちですが、男性の共感を得られず、冷ややかな目で見られがち。そも

### 大人の女性が最も避けたい"私トーク"

- 「私も私も!」「私だって○○だよ」「私はどう?」という"自己顕示"
- 「どうせ私は」「私なんて」「私ばかり」という"ひがみ、卑下"
- 「でも私は」「だって私は」「だから私は」という"言い訳"

そも男性は、〝私トーク〟よりも、「これどう思う?」「おもしろいネタ見つけたよ」などと、見る人に問いかける形で書くことが多いので、考え方自体が違うのです。もしあなたが、つい〝私トーク〟をしてしまうタイプであれば、それを減らすだけで男性との会話が弾むようになるでしょう。

では、〝私トーク〟を減らした分、どのような話をすればよいのでしょうか。

その答えは、**大人の女性らしく、相手の話を聞くこと**。気持ちよく話してもらうことで居心地のよさを感じさせ、さらに、相手を知ることができるというメリットも得られます。

すると男性は、帰り道や家で「そうい

**スロー・ラブ 小ワザ**

「なかなか感じのいい振る舞いができない」人は、ビジネスシーンを思い出すこと。たとえば、初対面の取引先には、背筋を伸ばして座り、相手の目を見て笑顔で、丁寧な言葉づかいで話しているはず。出会いの場でも、仕事上の言動を心がければ、それなりに好印象。

えば話を聞いてもらってばかりだったな」「今度はこちらが彼女の話を聞こう」「すごく気をつかえる女性なのかも」といった好印象が頭をよぎり、次の誘いにもつながっていきます。

「少しでも早く自分の魅力を伝えたい、アピールしたい」という気持ちはわかりますが、**魅力は相手に言い聞かせるものではなく、感じてもらうもの**。まずは、〝私トーク〟を避けて相手の話を聞く。次に、相手から聞かれたら〝私トーク〟をする、というステップを意識して、会話を進めていきましょう。

## 〝私トーク〟をするのは<br>相手の話を十分聞いたあと

# 大人ぶる、物わかりがよすぎるのはやめよう

年齢を重ねると、会社やサークルなどで立場が上がることや、年下男性と出会う機会が増えるものです。また、精神面の成熟から、まわりの人を寛容な目で見られるときもあるでしょう。

しかし、**決して上司や先輩のような立場から、男性たちと接してはいけません。求められていないのにアドバイスを送ったり、よかれと思ってダメ出しをしたり、逆に、何でも受け入れるような物わかりのよすぎる態度で接すると、恋愛対象として見られにくくなってしまいます。**

大人の女性が、恋人候補の男性たちと接する上で重要なのは、**年齢や立場の上下に関わらず自然体で接する**こと。

第一印象では「年齢や立場なんて気にしてないよ」というスタンスで話しかけ、

大人の女性が最も避けたい“大人ぶった言動”

- 「それでいいのに」「そうしたほうがいいよ」「教えようか」という“押しつけ目線”
- 「知ってるよ」「だろうね」「それはこうだから」という“知ったかぶり”
- 「好きにやってみたら」「若いんだから」「まあまあ」という“子ども扱い”

「しっかりした大人の女性」と感じさせるのは第二・第三印象くらいがちょうどいいのです。

また、最初から何でもそつなくこなしたり、合理的な考え方をしすぎると一歩引いた目で見られ、まるで母か姉のような〝ただのしっかり者〟とみなされる危険性もあります。

**男性が〝恋愛モード〟に入りやすいのは、自分で何でもこなすのではなく、少し頼ってくれるくらいの女性。それでいてさりげなく男性のフォローやサポートができる女性であれば、言うことありません。**

たとえば、相手の得意分野で質問した

り、仕事を手伝ってもらったりして頼る。その一方で、自分は言われなくても相手の知りたそうなことをやんわりと教えたり、押しつけがましくなく手伝える。大人の女性にはこれらができる経験値があるので、自信を持って向き合ってほしいと思います。

また、飲み会であれ、趣味の場であれ、恋愛の可能性があるグループでは、モテようとして誰にでもいい顔をすると、同性からの反感を招きがちです。特に、物わかりのいい女をアピールしようとして大人ぶった言動をする人は要注意。男性の恋愛対象から外される上に、女性の反感を買うという最悪の結果を招いてしまうので、気をつけましょう。

## あからさまな〝大人アピール〟は男女ともに嫌われるだけ

**幸せうさぎの声**

「30代のころは焦りもあって、ハッキリ告白されてないのに体を許して失敗したことがありました。今の彼（42歳）とも居酒屋デートばかりだったので、危ないときもありましたが、流されなくてよかったです。体に自信がなくても、大事にしなきゃダメですね」（40歳）

# 「絶対に言ってはいけない」10の言葉

〝私トーク〟や、大人ぶる発言のように、大人の女性が恋愛をする上で避けたい言葉は、まだまだあります。

ついつい使ってしまう人や、誤解している人が多いので、ぜひ180・181ページをチェックしてみてください。

どれも避けたい言葉ですが、なかでも絶対に避けたいのは、「8　決めつける言葉」。浅はかな考えで男性を判断したり、恋をあきらめかけたり、すねないようにしましょう。また「1　加齢に関するネガティブな言葉」は、過半数の40代女性が使ってしまう危険なフレーズ。これらの言葉は、**あなたを実年齢以上に老けて見せ、恋愛から遠ざけてしまいます。**

誰しもついこのような言葉を使ってしまう瞬間はあるでしょう。しかし、「そういうときは口を閉じる」とクセづけてしまえば、何の問題もありません。まずは「やめよう」と心がけることからはじめて、少しずつ減らしていけばいいのです。

たとえば、あなたが新入社員だったころ、先輩から「その言い方はダメ」と言葉づかいを直された経験はないでしょうか。それと同じように大人の女性も、現在の年齢に応じた「使ってはいけない言葉」があるのです。

## 何気なく発した言葉の中に男性を萎えさせるものがある

スロー・ラブ 小ワザ

取引先の男性に好意を抱いたときは、仕事の話をひと通りしたあとに、「○○さんはお話が上手ですね（いつも笑顔でいいですね）。プライベートでもそうなんですか？」と仕事以外の話を振ること。食事やお酒の話題に展開できれば、飲み会やデートにつながる可能性も。

### 7　否定、反論、嫌い

「ちがう」「でも」「だって」「無理」「できません」「好きじゃない」「ありえない」

大人の女性が使うべき言葉ではなく、もう少しやわらかい表現を選べるはず。つき合う前にこんな言葉を聞かされたら、男性は萎えてしまう。

### 8　決めつける言葉

「男の人って○○」「彼は○○だね」「40代は○○でしょ」「結婚って○○だよね」

自分の価値観を押しつけているだけで、年老いたイメージを与えてしまう。「人生経験が豊富」という大人女性の長所が裏目に出てしまい、残念な印象に。

### 9　あからさまな誘い言葉

「会いたいな」「メール待ってるからね」「最近ヒマなの」「いつなら空いてる?」

あからさまな誘いや、強すぎる好意は、男性を引かせるだけ。あいまいなニュアンスを含めるなど、ある程度の逃げ道を残しておくのが大人の女性。

### 10　謝罪

「ごめんなさい」「すみません」「いつもごめん」「私が悪いよね」

謝る理由や、その状況をなくすのが大人女性の流儀。もし言うべきタイミングがあったとしても、できるだけ謝罪ではなく、「ありがとう」「助かりました」など感謝の言葉として伝えたい。

## 絶対に言ってはいけない10の言葉

### 1 加齢に関わるネガティブな言葉

「もう歳だから」「オバさんだから」「年のせいか体力が落ちた」

「そんなことないよ」と言われたい魂胆がみえみえ。相手を困らせ、放っておかれるだけ。加齢はポジティブに受け止めるべきことで、口に出す必要はない。

### 2 若い女性との比較、勝ち負け

「あの子、若いから」「若い子には負けるよ」「若い女性に負けてないでしょ」

まわりの人は比べていない。むしろ負けを認めているようなもので、より老けて見える。若い女性を穏やかな目で見られなければ、若い男性にも好かれない。

### 3 若さを感じさせようとする言葉

「年より若いでしょ」「意外と若いよ」「女子力を磨かなきゃ」「女子会があるの」

自らアピールする姿が痛々しく、どう返事したらいいのか苦笑いさせるだけ。そもそも男性は「女子」という言葉が嫌い。もう「女子」は卒業して「大人の女性」として振る舞うべき。

### 4 恋愛に関する言い訳、責任転嫁

「出会いがない」「いい男がいない」「男運が悪かった」「草食系が多い」「忙しい」

自分を棚に挙げて、周囲の人や状況のせいにする姿勢が子どもじみて見える。「面倒くさい女」と思われないためにも、言い訳体質は変えたい。

### 5 自分発信でのアピール

「(髪、メイク、服を)どう?」「料理が得意なんだ」「男性から誘われるけど」

モテたくて、聞かれていないのに自己アピールする大人女性は引かれる。「長所は自分がアピールするものではなく、相手に感じ取ってもらうもの」と考えたい。

### 6 損得勘定、ネガティブな言葉

「今日は失敗だね」「損しちゃったな」「ツイてないよ」「これ高くない?」

小さなことで損得を意識すると、大人女性の魅力である大らかさが薄れてしまう。自分のネガティブな気持ちに、まわりの人を巻き込まない。

スロー・ラブ 小ワザ

**おしどり夫婦ほど謝り方が上手。**「少しでも『自分が悪いことをした』と思ったら、その場でしっかり謝れる」「相手が悪くないのに謝ったら、『そんなことないよ』と否定できる」カップルは、ストレスが小さいうちに解消し合えるため、大きなケンカに発展しにくい。

## プロフィールのてんこ盛り

SNS、ブログ、パーティー、イベントなど、出会いを求めていると、プロフィールを書く機会があります。プロフィールは、見た目とともにあなたの初期印象をつくり、会話の盛り上がりや、デートの誘いにも関わる大切なもの。

「これくらいでいいか」「恥ずかしいから適当に」と中途半端なものを書いていては、出会いや恋人候補とのコミュニケーション機会を逃してしまいます。

ポイントは、恋人候補の男性が読みやすく、それをきっかけにして声がかけやすいように、ほどよい量でバランスよく書くこと。たとえば、婚活パーティーで使われるプロフィールカードをイメージしてみてください（最初のツーショットタイムで、互いのカードを交換し、書かれた内容をネタに会話をはじめるためのもの）。

カードに書き込む項目はたくさんあるのですが、**重要なのは「趣味」「休日の過**

### 大人の女性がプロフィールを書くときの注意点

- “私トーク”を書き連ねて、自分の魅力をアピールしようとする
- プロフィールはサービス精神の表れだけに、短すぎるのもNG
- 「料理、買い物、映画」などと漠然とした言葉を書くのみ
- 「ヨガ、女子会、パワースポット」など男性が共感しにくいものばかり書く
- 軽くなれなれしい言葉づかい、絵文字の使いすぎ、ウケ狙い、自虐ネタ

**ごし方」「好きな食べ物」「行きたいところ」などのプライベート関連。これらに具体的なキーワードを書くことで、会話は盛り上がり、デートの誘いにつながっていきます。**

たとえば、好きな食べ物は「和食、イタリアン」ではなく「寿司、魚介系のパスタ」と料理名を。趣味は「映画」ではなく「邦画、ミステリー」と作品ジャンルを。好きなスポットは「動物園」ではなく「上野動物園」と固有名詞を書くことで、男性はデートのイメージがしやすく、「声をかけてみようかな」と思わせられます。

また、半分程度は**男性目線を入れるこ**

**幸せうさぎの声**

「彼（47歳）と会うのは毎週末1度だけ。多いのは、土曜に友人と遊んだあと、夜に彼と合流して、私の家で泊まって、日曜の夕食まで一緒にいるパターンですね。平日も土曜も、仕事や趣味などで充実しているので、今の私たちにはこれくらいがちょうどいい」（43歳）

とも大事。すべて正直に書くというよりは、男性の食いつきがよさそうな「スポーツ、映画、音楽、お酒」などのネタを入れておいたほうが、会話は弾むからです。

逆に、**避けたいのは、書きすぎてしまうこと。**たとえば、「好きな物はグルメ、お酒、旅行、読書、映画、音楽、雑貨屋さん、コスメ、ヨガ、犬、猫」などと書きすぎてしまう。これでは単に「よくばりでつき合いづらい女性」という印象を与えてしまいます。

あるいは、「私はこれが好き、私はこれが嫌い、私はここへ行った、私の性格はこう、私の経歴はこう、私の好きな音楽はこれ」と、P172で書いた〝私トーク〟の書きすぎもNG。会話のきっかけになる程度でシンプルに書きましょう。

ウェブでは2度以上画面スクロールさせるプロフィールは、明らかに書きすぎ。男性たちから、「自己顕示欲の強いワガママそうな女性」と思われてしまいます。

**プロフィールの目的は「あなたの自己PR」ではなく、「ほのかな好印象を与え、会話のきっかけをつくる」こと。**それだけに、「男性に媚びたくないから、自分の書きたいことを書く」のではなく、「男性にアプローチのきっかけを与える」というスタンスで書きましょう。もしあなたが、「最近あまり誘われない」「できれば相手から声をかけてほしい」というのであれば、なおさら工夫するべきです。

## ライバルと差別化し、きっかけを与えてデートの誘いにつなげよう

## 「自分らしさ」にこだわる

ライフスタイル、ファッション、コミュニケーションの取り方、食べ方、買い物の仕方……40年以上生きてくればどんな人でも、それなりにこだわりはあるものです。それ自体は悪いことではないのですが、注意したいのは伝え方とタイミング。出会って間もない段階で、こだわりや自分らしさを主張されると、「つき合うのは大変そう」「扱いづらそうな女性」と恋愛対象から外されてしまいます。

たとえば、私の相談者さんに「キャラじゃないからスカートは履かない」「毎月服を買うのが私らしさ」「私は夜10時以降メールしない」という女性がいましたが、出会って間もない段階でそれを快く受け入れる男性はほとんどいません。**こだわりや自分らしさを伝えるのは、あなたの長所や魅力、居心地のよさなどが伝わったあとがベター。デートで言えば3~5回目くらいから少しずつ伝えていきましょう。**

**大人の女性がこだわりや“私らしさ”を伝えるときのポイント**

- 何度か会い、自分の長所や魅力が伝わってから、情が湧いてからにする
- ファッションやヘアメイクなどの見た目に関しては、伝えない方が無難
- 相手男性の好みと合いそうなことから、少しずつ伝えていく
- こだわりの強いものほど、すぐにアピールしない
- 「交友関係が広そう」「忙しそう」「お金がかかりそう」と思われない
- 「反応がいい」、あるいは「手応えがない」からといって話し続けない

また、誤解を抱きがちなのが、「友人が多い」「趣味が多い」「女磨きが好き」という3つの自分らしさ。女性目線ではポジティブなことのように感じますが、男性目線で「友人が多い」は、遊びに出歩くことの多い女性。「趣味が多い」は、恋愛が二の次でマイペースな女性。「女磨きが好き」は、自分のことが大好きでお金のかかる女性、とマイナスイメージを持たれがちです。「勝手に想像されても困る」と感じるかもしれませんが、男性も「できるだけ恋愛で失敗したくない」と思っているので注意しましょう。

「自分の好きなものなのに、そこまで気をつかいたくない」と不満顔のあなた。

**幸せうさぎの声**

「昔からお笑いキャラで、女性扱いされなかったんですよ。でも彼（46歳）は最初から気に入っていたので、できるだけ聞き役に回って、ゆっくり話すように心がけました。つき合いはじめた今はキャラ全開ですが、彼もそんな私でよかったと言ってくれます」（43歳）

もし出会って間もない男性から同じようにこだわりや自分らしさを突きつけられたら、少し引いてしまいませんか？　お互い様のことなので、「出会ってしばらくの間は仕方ない」と割り切りましょう。

**相談者さんの中には、「私のことを理解してくれる男性がいない……」と嘆く人が多いのですが、彼女たちは自分で決めたこだわりや〝私らしさ〟に縛られているだけ。**実際、カップルになってしまえば、理解し合ったり、譲歩し合ったりしてやっていけることが多いので、出会いの段階では気にしないほうがいいのです。

これまであなたが長年楽しんできたことや磨いてきたことは、財産であり貴重なものに違いありません。だからこそ恋愛の現場では、誤解を受けないように、その伝え方とタイミングに配慮してほしいのです。

## 恋愛初期の〝自分らしさ〟は逆効果
## 少しずつ伝えていけばいい

# 見た目と気持ちを隠しすぎる

ここまで書いてきたように、大人の女性たるもの、「聞かれてもいないのに、自分のことをペラペラしゃべる」のは避けたいところ。しかし、自分をよく見せようとするために、あるいは、自信のなさが原因で、言うべきことやコンプレックスを不自然に隠すのは考えものです。

隠さず言うべきことの筆頭は、**「恋人がいない」という現状と、「恋人がほしい」という希望**の2点。

そもそも大人の女性を前にすると、男女を問わずほとんどの人が、「恋愛や結婚について聞いてはいけないかな」「気分を害さないようにその話題は避けよう」などと気をつかうもの。**つまり自分からオープンにしていかなければ、「恋人がいない」ことも、「恋人がほしい」こともなかなか理解されないのです。**好きなタイプや寂しさなども含めて、できるだけオープンに話すようにしましょう。

たとえば、あなたは職場で意欲を感じない後輩や、悩みがなさそうな同僚に、声をかけて仕事を手伝おうとしますか？　信頼関係を築こうと思えますか？

これは恋愛でも同じ。あなたからオープンに話すことで、恋人候補の男性には「素直でまじめな人だな」、友人・知人には「誰か紹介しようかな」と思わせることができます。

また、恋愛に限らず人柄、過去、価値観などをある程度オープンにしておくことも大事。さらに、「あなただから言えるよ」「困っているので助けてほしい」などと、相手への信頼感や、自分の弱さを素直に明かすことができれば、周囲の人との距離は近づき、さまざまな協力が得られるでしょう。

同様に、**体形、顔の輪郭、肌、手足の太さなど、見た目のコンプレックスを隠しすぎるのも、あまりよいことではありません**。実際、「若くないからうつむき気味」「できるだけ肌が隠れる服を選ぶ」「シワが気になるから笑えない」などという女性に会うことも多いのですが、これでは**男性から女性として見られることを放棄するようなもの**です。

男性は女性の笑顔を見ると癒されるし、デコルテ、腕、ひざ下などの肌を見て、女性としての魅力を感じ取ります。

自分目線で「以前より肌が荒れたから、肉がついたから出さない」と決めつけて隠すのは、大きなまちがい。男性目線では、「以前を知らないから気にならない。むしろ、それくらい肉がついている方が好き」というケースも多いものです。

もちろん、男性に見せるためには、ある程度の手入れや努力は必要です。20代女性のように見た目を売りにしないほうがいいのですが、男性に女性として見られるために、まずは隠すことをやめましょう。

## 隠しすぎると放置されるだけ「身も心もオープンに」が基本スタンス

**スロー・ラブ 小ワザ**

好意を示したいとき、**言葉同様に有効なのは視線。**たとえば、彼が楽しそうに話しているときは優しい視線を送り、真剣に話しているときはじっと目を見つめる。飲み会なら彼が話し終えたとき、おいしそうに食べているときなど、無防備なときに視線を向けるのも効果的。

# メール作法で決定的な差が

顔を合わせている時間が一番大事なことに変わりはありません。しかし、出会って間もないころは、メールがあなたの印象や、デートへの進展を左右するのも事実。特に40代女性は、メールの個人差が大きく、「さすが大人の女性」と思われるか、「いい年をして」と思われるか、評価が分かれやすい世代なだけに、好印象を与える基本作法をマスターし、よくない印象を招くタブーを避けたいところです。

P194に「大人女性のメール作法」を一覧にしました。メールは画面による平面的なツールだけに、相手を気づかう姿勢を感じさせることが大事。相手の名前を書いたり、ねぎらいの言葉を書いたりすることで、体温の伝わるものにしましょう。

メールを送り合う最大の目的は、「あなたとよい関係を築きたい」という好意、あるいは、「よい関係を築けるか確かめたい」という意思を伝えること。そのニュアンスをそれとなく、感じよく伝えられるのが、これらのメール作法です。

ただし、**「大きな感謝、重要な報告、謝罪」は、メールですませない**のが大人の女性。対面か電話で声に出して伝えることが、2人の距離を縮め、ピンチを回避することにつながっていきます。

## 大人の女性だからこそ何気ないメール小技で心を動かす

**スロー・ラブ 小ワザ**

恋人とケンカしたときは、**"彼の好きなところ"を思いつくままに書き出して**みましょう。数が多いほど、具体的なほど、彼のことをしっかり見て、愛している証拠。逆に3〜5個しか挙げられないようであれば、彼でなければいけない理由が少ないとも言えます。

## 2 気づかい、いたわり、ねぎらい

「時間あるときに読んで」「いつも頑張ってるね」「雨すごいけど大丈夫だった？」

メールは感情が伝わりにくいツールだけに、常に心のこもった言葉も混ぜて体温を伝えたい。好印象を与えるだけでなく、ほのかな好意を伝えることにもなる。

## 3 感謝

「この前は本当にありがとう」「おいしいお店に行けてうれしかったです」

前回会ったときのお礼、話を聞いてくれたこと、お店を選んでくれたことなど、些細なことでも感謝の言葉を伝えられるのは、大人の女性ならでは。当日と後日など、ひとつのネタで２度伝えられるのも大人の女性ならでは。

## 4 名前を入れる

「○○くん、ありがとう」「○○さん、大丈夫？」「○○さんらしくていいね」

自分の名前を呼ばれると親近感を抱くのは、メールでも同じ。前述した気づかい、いたわり、ねぎらい、感謝などのポジティブな感情に絡めて書くとより効果的。

## 5 相手メールの引用（オウム返し）

「青山で食べたパスタ、おいしかったよ」に「私も青山でパスタ、食べたい！」

相手メールのフレーズをそのまま使って返事を書くことで、一体感が生まれる。特に、相手が最も言いたいこと、共感してほしいこと、不安なことに気づいて引用できるのが大人の女性。

## 6 リアクション

「それはスゴイ！」「めちゃめちゃイイですね」「その通りです！」

相手からの質問や振りの言葉に、ひとつひとつしっかり反応することで、人間性の豊さを感じさせる。丁寧に答えすぎると堅苦しいので、短めのフレーズや絵文字を使ってノリよく返したい。

## 7 シンプル質問

「○○さんはお酒好きですか？」「最近、映画見に行きました？」

質問は、あまり考えさせるようなものではなく、答えやすいシンプルなものに留める。質問は１つ程度に絞り、一度返事をもらったらメールでは掘り下げない。「盛り上がるのは会って話したときに」と会うまでの間、楽しみを共有する。

## 大人女性のメール作法

### 【基本編】これらができていなければ、大人女性とは言えない

**1 文章の長さ**

基本は、画面をスクロールさせない程度、または、相手と同程度の長さに。また、長い文章の交換が続いたら、自らボリュームを減らして、お互い無理しなくていい形にスライドさせる。全体もひとつの文章も、長すぎず、短すぎないのが基本。

**2 文の印象**

言葉づかいや絵文字など全体の印象は、相手に合わせるのが大人の作法。ただ、「ですます調」の相手にはフレンドリーな言葉を交え、親近感を抱き合うきっかけに。

**3 タイミング**

相手の生活リズムを考えて送る。勤務日なら昼休みか夜にメールを送るのがベター。ただし、相手から朝や深夜にメールがきたのなら、その時間帯に返信してもOK。受信したら1泊2日以内に返信するのが最低限のマナー。また、会う日の前日と翌日も、ぜひメールしておきたい。

**4 切り上げどき**

何度もメール交換を求めず、2～3往復までに抑えるのがベター。相手を気づかいながら、「おやすみなさい」などと自然に切り上げられると、「さすが大人の女性」と感心される。文末を疑問形にして返信を求めるのは避けたい。

### 【応用編】「シンプルだけど、他の女性がやっていない」ことを実践！

**1 あいさつ**

「おはよう」「こんにちは」「今日もおつかれさまです」「おやすみなさい」

冒頭にあいさつ文を入れるだけで、「しっかりあいさつのできる女性」と好印象に。ほとんどの女性がいきなり要件に入ってしまうだけに、明確な差別化ができる。

**スロー・ラブ 小ワザ**

**告白を断るときや、別れを切り出すとき**は、トラブルを避けるためにも、**正直に話さないのが大人女性の流儀**。その理由には、「今は仕事に打ち込みたい」などという自分の非や、年齢・距離・仕事内容など、“彼が解決できないこと”を挙げるのが無難です。

# 服装とヘアメイクの落とし穴

この章で何度か、服装やヘアメイクのことにふれましたが、そこで書いたように恋愛面で最も大切なのは、**男性目線で考える**こと。その理由は、**多くの男性たちは、早い人で出会って数秒、遅い人でも10～30分程度で、「女性を恋愛対象か対象外か」判断してしまう**ところがあり、そこからのリカバリーは難しいからです。

ゆえに、「出会ってすぐ恋愛対象外にされない」ためには、服装やヘアメイクが極めて重要。特に40代女性は、意識の差で選ぶアイテムやスタイルが大きく変わり、明暗が分かれやすいので気をつけましょう。

たとえば、自分や女友だちが「好きなもの」「似合うと思うもの」と、男性目線で惹かれるものは、ほとんど別物。出会いの場では、「私はこれが好きだから」「友人ウケがいいから」という基準が命取りになるので、潔く頭を切り替えるべきなのです。「ここは出会いの場だから」「徐々に自分の着たい服を混ぜていけばいい」などと割り切って考えるよう、自分に言い聞かせてコントロールしましょう。

また、40代の女性と服装やヘアメイクの話をすると、「私は〝美魔女〟じゃないから……」と嘆く人が多いのですが、何の問題もありません。たとえば、美魔女のように15～20歳若く見せようと思ってがんばっても、「若づくりしすぎ」と引かれるだけ。そこまで欲張らず、5～10歳若く見えるくらいを目指すのがちょうどいいのです。以下に、相談者さんからよく質問されることに答えていきます。

**Q．男性が好む服って、ファーやリボンがついたようなもの？**

A．男性は女性の服にしかないデザインやディテールが大好き。ただ、あからさまなものより、シンプルなものが好評。「ワンピースが鉄板」と言われるのはそのためで、ファーやリボンもおおむね好まれる。

スロー・ラブ 小ワザ

つき合いはじめて彼と過ごす時間が増えても、ノーメイクの顔や、だらしのない部屋着姿、乱れた言葉づかいなどの**女性らしくない姿は見せない方がベター。**そんな瞬間が増えるほど、あなたに対する彼の恋愛感情は薄れ、恋人というより、家族のような存在になります。

**Q. どんな色の服を選んだらいいですか?**

A. 清楚さや上品さを感じさせる白やクリーム色、淡いピンクやオレンジなどの明るい色が好まれる。これらは男性が着ない色であり、小物の差し色にも有効。逆に、40代女性が選びがちな全身黒は避けたい。

**Q. 男性が好きな服の素材ってありますか?**

A. 思わず「ふれたくなる」ソフトな素材が好まれる。一方、レザーやジーンズなどのハードな素材は「近づきにくい女性」と敬遠されがち。厚手のニットも不評。

**Q. ファッション誌の〝モテ服〟は参考にしたほうがいいのでしょうか?**

A. 多くのファッション誌は、女性編集者が女性目線でつくったもの。本を売るために女性ウケの悪い服は載せないので、参考程度に。大人の女性ほど「自分はどんな服が似合うのか?」男性のリアルな声を聞くべき。

**Q. まわりの人にはホメてもらえるのに、出会いの場では今いちウケないのはなぜ?**

A. ウケない理由は恋愛目線ではなく友人目線だから。ホメられたのも、「出会いの場でモテる」という意味ではない。服やヘアメイクは、清潔感や上品さを印象づけるだけでよく、「目を引こう。ホメられよう」としないほうが無難。

**Q. どう見ても地味な女性が声をかけられるのはなぜ？**

A. 男性は「少し地味だけど清潔感がある」くらいのほうが女性らしさを感じ、声をかけやすいもの。出会いの場では、「女性目線で60～70点くらい」の服やメイクがちょうどいい。

**Q. オシャレ好きということは、あまりアピールしないほうがいい？**

A. 初期段階では「オシャレが好きなのかも」と思わせるくらいがベター。着飾りすぎると、相手男性に「釣り合うかな」と引け目を感じさせるか、「お金がかかりそう」と誤解を与えてしまう。

**Q. 男性ウケのいいヘアスタイルは？**

A. ロング派とショート派に分かれる。万人受けならセミロング。逆に、強めのパー

**スロー・ラブ 小ワザ**

「彼の胃袋をつかむ」には、**凝った料理よりも定番料理の質を上げる**こと。男性は年齢を問わず、カレー、ハンバーグ、豚の生姜焼き、唐揚げ、丼物などが好きです。凝った料理は「ホメなければ」というプレッシャーが強く、あるもので手際よく作るほうが愛されます。

マヤカラーはマイナス印象に。男性はスタイルより、ツヤやまとまりを重視。

**Q．20代の子と同じヘアスタイルなのですが、それでも大丈夫？**

A．「巻きすぎ」「カラーしすぎ」「編みすぎ」など、よほど派手なものでなければ問題なし。一方、服装とメイクは、実年齢マイナス5～10歳程度に留めたい。

**Q．ナチュラルメイクがいいって本当？**

A．「濃すぎないほうがいい」だけで、大人の女性にはしっかりとしたメイクを求める。「ナチュラルメイクがいい」のは究極の理想像であり、実際は求めていない。

**Q．ネイルはどう見えているの？**

A．ほとんどの男性が見ていないし、ホメ方もわからない。もとの爪に近いナチュラルな色のほうが好感度は圧倒的に高く、濃い色や派手なもの、長すぎるものはNG。女性らしさや家庭的なイメージを与えられない。

**Q．服装やヘアメイクを考えるとき、誰を参考にしたらいい？**

A. 最もウケるのは、情報番組の女性アナウンサーとお天気キャスター。個性を抑え、爽やかさと明るさに特化しているので、年齢を問わず男性の支持を集めている。また、同世代の女性タレントを参考にするのもアリ。

オシャレな人ほど、「男性に好かれるための服を着ることに抵抗がある」と反発しがちですが、出会いの場での第一目的は恋愛のはず。**週7日のうち、出会いの場に行く1～2日だけ変えればいいのですから、決して男性に媚びているわけではありません。望む幸せを得るためにも、優先順位をまちがえないようにしましょう。**

**出会いの場には男性目線の服選びを**
**目的や優先順位をまちがえない**

# 男性のホンネ「ここが減点材料！」

ここまで「大人の女性だからこそ、やってはいけないこと」を挙げてきましたが、男性が減点材料とみなすことは、まだまだあります。特に出会いの場で、男性が「大人女性に対して気になっていること」を204ページに挙げてみました。

30の項目を見て、どう感じるでしょうか？　ここでもポイントになるのは、女性らしさを感じるかどうか。「やっぱり大人の女性はいいな」とホメられるか、「大人の女性なのに……」とがっかりされるかは紙一重。また、マイペースな振る舞いを嫌う男性は多いので、気をつけたいところです。

好きになってしまえば問題ないような些細なことでも、出会って間もない段階で、しかも大人の女性にされると、男性たちはアプローチをためらってしまうのです。

すでに書いたように、大人女性の武器は、一目でわかる外見ではなく、経験をベースにした豊かな人間性。それを伝えるためには、**「好かれよう」とアピールするのではなく、肩の力を抜いて「減点材料をなくす」ことを優先させましょう。**それができた上で会う回数を増やせれば、あなたの長所や魅力はきっと伝わります。

## 声をかけられる大人の女性は男性目線での減点材料が少ない

スロー・ラブ 小ワザ

恋人候補と会ったとき、**意外な落とし穴は"座り方"**。猫背、ひざ下が開く、手の落ち着きがない、距離を置きすぎるなどは、第一印象のマイナスポイントに。また、対面よりも横並びで座る、話が盛り上がったら少し身を乗り出すなどの工夫で、距離を縮めましょう。

### 会話中

- 表情が硬く笑顔が少ない、うつむき気味、上目づかい
- 大あくび、大口を開けて笑う
- ほとんど目を合わせない、または、目が左右に泳いでいる
- 顔のパーツ、指先、足先がよく動くなど、落ち着きがない
- 両腕をずっと組んだまま話している
- 声が大きく、早口で話す、語尾が強い、言葉づかいが男っぽい
- あいづちの回数が少ない、はっきりしない返事が多い
- 猫背などの前傾姿勢、脚のひざ下が開いている
- 会話中も携帯電話を持っている
- 自分の仲間ばかり見ている、目配せする
- 女性だけのグループになったとたん、にぎやかに話し出す

### 外出中

- 待ち合わせ時、「数分の遅刻だから」と謝らない
- 早足で歩く、大股、外股で歩く、男性より数歩前を歩く
- 仲間同士で話しながら、横に広がって歩く
- やたらと荷物が多い、大きめのリュックを背負う
- 会話に夢中、化粧直しなどで、グループでの行動に遅れる
- 電車待ち、信号待ち、行列でそわそわする、走ろうとする
- 先に車や電車へ乗り込む、移動中に寝てしまう
- カバン、ハンカチ、靴、小物など、私物の扱いが雑
- ハンカチやティッシュが必要なとき、カバンからサッと出ない

### 食事中

- 急いで食べる、先頭を切って食べはじめる
- あまり食べない、食べ残しがある
- おかわりのときに、自分のものだけオーダーする
- 会話より、食べている時間のほうが長い
- お酒のペースが早い、ろれつや足取りが乱れる
- タバコを吸う、喫煙スペースへ行く
- 席を立つ回数が多い、戻ってくるまでが長い
- 店員への対応がそっけない、敬語を使えない
- 会計時、払う素振りを見せない、または、かたくなにおごりを避ける
- 「ごちそうさま」の言葉をはっきり言えない

# 〝キケンな男〟を選んでしまう

大人の女性は今までの恋愛経験から、それなりに人を見る目が備わっているものです。しかし、いざ目の前に恋人候補の男性が現われたとき、正しい判断を下せるかどうかは別の話。**「ちょっとキケンなタイプかも」と感じつつも、出会えたうれしさや日々の寂しさから、流されてしまうこともあるでしょう。また、「いいところもたくさんある」と大人女性ならではの寛容さがあだになってしまうかもしれません。**

ここではそんな失敗を避けるために、大人の女性がつい選んでしまう〝キケンな男〟の特徴を挙げていきます。

**①自分の個人情報をあまり言いたがらない**

→住んでいる町、出身地、勤務先、誕生日、趣味を明かさない。にごしたり、小出しにするのは、後ろめたさか、「向き合おう」という気持ちが薄いから。

**②友人、家族、動物のことをよく言わない**

↓恋人や妻に優しくできない男性の特徴。もしあなたを本命の女性と思い、嫌われたくないのなら、多少ウソをついてでもいいことを言おうとするもの。

**③会話に下ネタをはさんでくる**

↓いやらしさを感じなかったとしても、下心があるか、軽く見られているだけの可能性大。大人の女性に対して失礼であり、本命の恋人候補には言わない。

**④人にお酒をすすめたがる、飲み会を仕切りたがる**

↓一見、面倒見のいい男性に見えるが、自己顕示欲や征服欲が強く、交際期間が延びるほどわがままに。そのため、大人女性の人柄や経験を尊重できない。

**⑤車や時計をよく買い替える、転職回数が多い**

↓プライドが高く、話し合いが苦手な男性の傾向。飽き症、新しいもの好きの男性は、浮気のリスクもあり、つき合ってからの苦労も多い。

**⑥髪型や服で強いこだわりがある。若づくりしている**

↓「多くの女性からモテたい」という気持ちの表れ。特に「若い女性から好かれたい」と思っているため、浮気や心変わりのリスクがある。

**⑦時間にルーズ、遅刻が多い、メールの返信が遅い**

↓誠実さを見極めるには、時間に対するスタンスを見るのが得策。もし大人女性のあなたを何度も待たせるのなら、交際後のプロポーズも時間がかかりそう。

**⑧自分に厳しい、ストイック**

↓魅力的な一面はあるものの、見方を変えれば強烈な自己中心主義。自分の感覚で、会う回数、交際スタイル、結婚の時期なども融通が利かない。

**⑨過度のキレイ好き、こだわりの強いコレクションがある**

↓自分のテリトリーや居心地のよさを追求するタイプ。それが少しでも侵されると心変わりするなど、窮屈な恋愛を強いられる。

幸せうさぎの声

「昔は恋人のいる男性のほうが魅力的に見えたけど、今は絶対にそんな無駄はしません（笑）。彼（44歳）とも、好きになりかけた人に恋人がいるのがわかったから、切り替えてつき合いはじめたんですよ。心底『あのまま追いかけなくてよかった』と思いますね」（43歳）

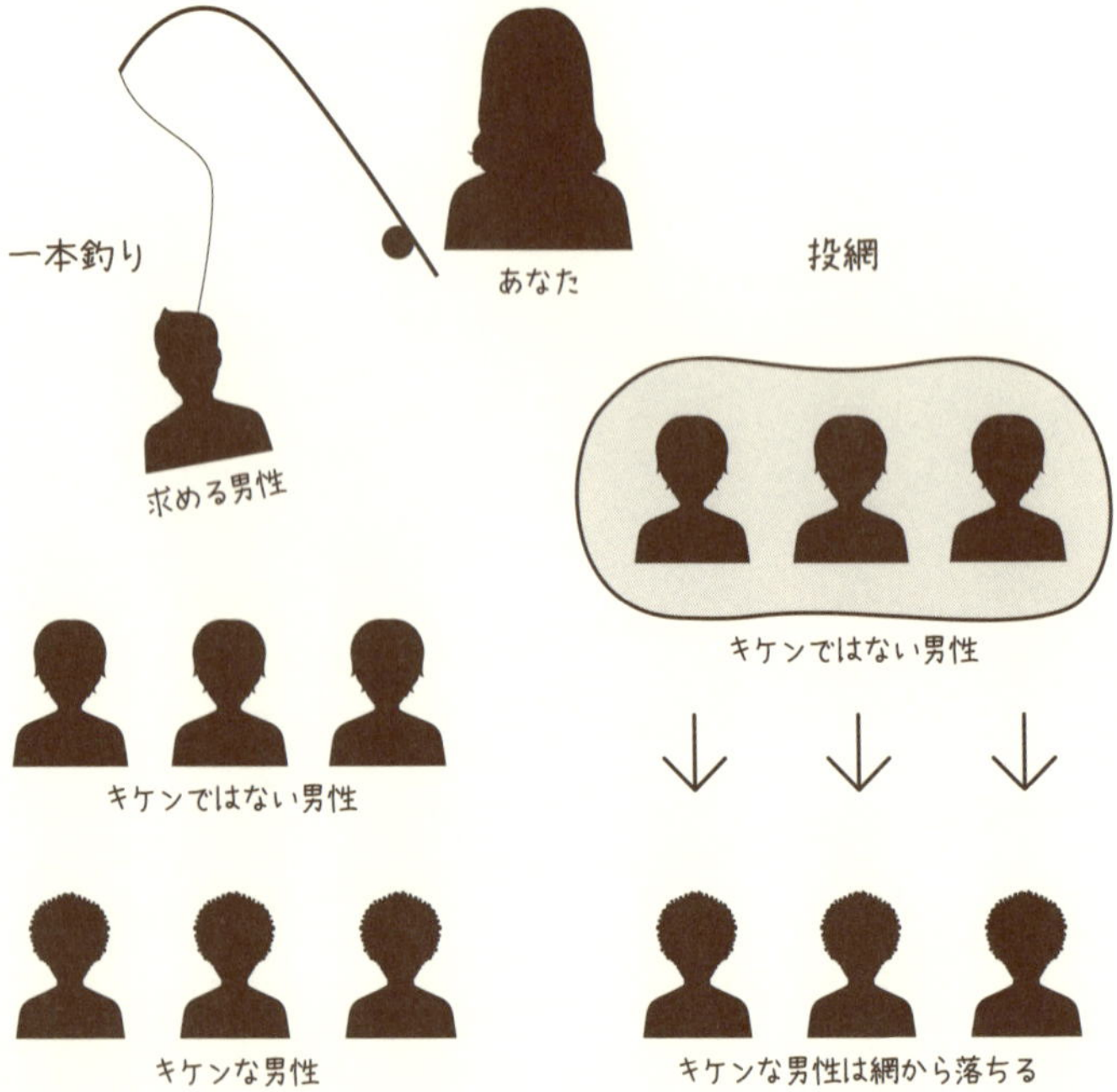


| | 一本釣り | 投網 |
|---|---|---|
| メリット | 求める相手を絞り込んで狙える<br>選ぶ基準で迷うことがない | 同時にたくさんの相手を狙える<br>網にかかった中から自分で選べる |
| デメリット | 時間がかかるケースが多い<br>求める相手に好かれるか未知数 | 求める相手である保証はない<br>選択ミスのリスクがある |

ここに挙げた9タイプの男性をどう考えるかはあなた次第。もし「多少の苦労は平気」「結婚は急がない」という覚悟が持てるのなら、交際してみるのもアリです。

恋人の選び方は、「こういう男性がいい」と決めて選ぶ〝一本釣り〟か、キケンな男性だけ避けて選ぶ〝投網〟の2種類。〝一本釣り〟は「求める男性を絞り込んで狙える」というメリットがある一方、「時間がかかる」「その男性から好かれるかわからない」というデメリットがあります。対して〝投網〟は「同時にたくさんの男性を狙える」というメリットがある一方、「求める男性である保証はない」「選択ミスの可能性がある」というデメリットがあります。

**大人の女性にすすめたいのは〝投網〟。**相手の魅力や長所を見つけられる大人の女性なら、網にかかった男性の中から最愛のパートナーを見つけられるでしょう。

## 〝キケンな男〟を避けつつ<br>多くの男性を投網にかけよう

## “恋愛・結婚のデッドライン”に対する誤解

私のもとを訪れる相談者さんは口をそろえるように、「もう時間がない」「手遅れになってしまう」などと焦りを口にします。彼女たちは、「年齢が上がるほど恋愛・結婚が不利になる」という一般論を真に受けているのですが、決してそんなことはありません。

さらに、30代のころの「すぐにでも結婚・出産したい」という感覚を引きずっているのも焦りの原因に。もしあなたが**「40代に入って出産願望が落ち着いた」のであれば、急がなければいけない理由はないはず**です。

ここまで何度も書いてきたように、恋愛・結婚にデッドラインや年齢制限はありません。実際、私の相談者さんには50代から70代の女性も少なくありません。みなさん同じように好きな男性や結婚のことを考えているのに、40代のあなたがデッドラインを気にしているのは、おかしな話です。

### 考え方を変えよう

デッドライン
→「死ぬまで恋愛・結婚を楽しめる」

焦ってしまう
→「“ステップごとの目標”をひとつずつクリアするだけでいい」

恋愛、結婚の悩み
→「次のステップに進むため、愛情を深めるためのもの」

これまであなたは、恋愛・結婚のデッドラインを仕事上のデッドライン（締め切りや納期など）と同じように、〝取り返しのつかないもの〟と思っていたのではないでしょうか？　だから「絶対間に合わせなきゃ」という焦りが強くなり、ますますうまくいかなくなる、という悪循環に陥っていたような気がします。

ちなみに、「デッドライン」の意味を辞書で調べると、「越えてはならない最後の限界線。死線」と書いてありますが、これを恋愛・結婚に当てはめると、**「恋愛・結婚は死ぬ直前まで楽しめる」**という意味になるのです。

「それでもやっぱり焦ってしまう……」という人にすすめたいのは、考え方を変えること。「デッドラインを怖がる」のではなく、「ステップごとの目標を決めて、ひとつずつクリアしていく」という姿勢が気持ちをラクにしてくれます。「ステップごとの目標」とは、「出会いの場に顔を出す」「連絡先を聞く」「メール交換をはじめる」「デートを楽しむ」「つき合いはじめる」などであり、これらをひとつずつクリアしていくことで、焦りは軽くなるでしょう。

晴れてあなたに恋人ができたあとも、「どうしたらもっと仲よくなれるか？」「ケンカしたらどう仲直りするか？」「いつごろ結婚するか？」「いかに結婚生活をうまくやっていくか？」など、「ステップごとの目標」は常にあなたの前に現われます。それらは決して悩みではなく、２人が次の段階へ進むために大切なもの。〝デッドライン〟の意味通り、それはあなたが亡くなるまで続いていくでしょう。

## あなたが生きている限り
## 〝恋愛・結婚のデッドライン〟は来ない

# おわりに

この文章を書いている朝、私のもとに一通のメールが届きました。

彼女の名は真美さん。東京郊外に住む44歳の事務職ＯＬです。

「木村さん、ごぶさたしています。突然ですが、名字が変わりました。初めてお会いした2年前、婚活がうまくいかなくて恋愛すらあきらめかけていた自分を思うと、懐かしいような、信じられないような、不思議な心境になりますね……。今は『本当に好き』と思える人と出会えた幸せを実感しながら暮らしています」

2年前のコンサルでは、「婚活をセーブし、スロー・ラブを意識する」ようにアドバイスし、真美さんはそれを実践。焦りや不安がやわらいだ彼女は、約8か月後に恋人ができ、その後じっくり愛情を育んでいったようです。

私のもとには、彼女のような「恋人ができました」「一緒に住みはじめました」「入籍して名字が変わりました」という幸せの報告が毎日のように届きます。

そう、この本に書かれていることは、すべて現実で起こっていること。遠い世界のように感じるかもしれませんが、あなたの住む町でも、その隣町でも、同世代女性の恋愛が芽生え、育まれているのです。

真美さんはメールの最後に、「これからも、私のような女性の手助けをしてあげてくださいね」とも書いてくれました。

私は「日本で一番40代女性の恋愛相談に乗っている」と自負しています。だからこそ、あなたにはこの本の内容を信じてもらいたいし、「『読んでおしまい』ではなく、『一歩踏み出す』ためのきっかけにしてほしい」と心から願っています。

あなたの人生が〝恋愛の楽しさや充実感に満ちたもの〟でありますように。

木村隆志

【著者略歴】
**木村隆志**（きむら・たかし）

恋愛・結婚・人間関係コンサルタント／コラムニスト。

名古屋の巨大式場でウエディングプランナーのキャリアを積んだのち独立。東京・高円寺で、ティーンから更年期世代まで幅広い層の相談を受け続け、コンサル数は対面だけで通算6000組を突破。

また、「YOMIURI ONLINE」で30・40代女性向けの恋愛相談コラムを４年・200回以上に渡って連載するなど、アラフォー・アラフィフの恋愛支援をライフワークにしている。

著書に『告白女（コクジョ）～運命を変える告白術51～』（タイトル）、『好感度がアップする プラスひと言会話表現605』（こう書房）、『トップインタビュアーの「聴き技」84』（ＴＡＣ出版）、『友活はじめませんか？～30代からの友人作り』（遊タイム出版）、『５秒で彼診断 恋のリトマス試験紙　自分史上、最高彼氏の見つけ方』（共著、毎日新聞社）がある。

企画協力：企画のたまご屋さん

大人の女性に幸せを運ぶ“スロー・ラブ”のすすめ
**40歳からはじめる 一生の恋人の見つけ方**

平成25年4月15日　初版発行

著者　木村隆志

発行者　中島治久

発行所　同文舘出版株式会社
東京都千代田区神田神保町1-41　〒101-0051
営業(03)3294-1801　編集(03)3294-1802
振替 00100-8-42935　http://www.dobunkan.co.jp


ISBN978-4-495-52281-0
印刷／製本：萩原印刷　Printed in Japan 2013